Sarah A. Lanier
ÜBERALL ZU HAUSE?!

Sarah A. Lanier

Überall zu Hause?!

*Menschen aus fremden
Kulturen verstehen*

Über die Autorin:
Sarah Lanier wurde in Georgia (USA) geboren. Seit 1980 arbeitet sie für die christliche und überkonfessionelle „Universität der Nationen" in Hawaii. Daneben betreut sie interkulturelle Projekte in Holland, Israel und Chile. Lehraufträge führten sie für längere Zeit in den Mittleren Osten, nach Afrika, Europa und Neuseeland.

Bibliografische Information Der Deutschen Nationalbibliothek
Die Deutsche Nationalbibliothek verzeichnet diese Publikation
in der Deutschen Nationalbibliografie;
detaillierte bibliografische Daten sind im Internet
über http://dnb.dnb.de abrufbar.

5. Auflage 2022
ISBN 978-3-86122-856-1
Alle Rechte vorbehalten
Originaltitel: Foreign to Familiar
© 2000 by Sarah A. Lanier
© 2006 by Francke-Buch GmbH
35037 Marburg an der Lahn
Deutsch von Ingo Rothkirch
Umschlagbild: © iStockphoto.com / Leonardo Patrizi
Umschlaggestaltung: Francke-Buch GmbH
Satz: Francke-Buch GmbH
Printed in Czech Republic

www.francke-buch.de

Inhaltsverzeichnis

Vorwort

Wir hoben pünktlich ab. Schulter an Schulter in unsere Sitze gepfercht, nutzten wir drei Frauen die Zeit, um ein bisschen zu plaudern. Je höher die Maschine stieg, desto leichter wurde uns, ließen wir doch unseren Büroalltag weit hinter uns. Das Ziel war ein Kongress in Neumexiko. Endlich einmal ein paar Tage ausspannen vom stressigen Alltag! Wir freuten uns auf die Berge und die frische Luft.

„Ach übrigens, Sarah", begann meine Sitznachbarin mit der gelösten Redelust, die so typisch ist für Touristen nach dem Abflug in die Ferien, „wie ist das eigentlich, wenn man im Nahen Osten aufwächst?"

Von allen Versuchen, ein Gespräch zu beginnen, mochte ich diesen am wenigsten. Seit ich in die Staaten gezogen war, um dort zu studieren, war mir diese Frage unentwegt gestellt worden. Aber nun hatte ich den mittleren Platz in der Reihe und konnte nicht ausweichen.

Am liebsten hätte ich mit einer Gegenfrage geantwortet: „Nein, nein, du zuerst. Wie wächst man eigentlich in einer schicken Vorstadt-Villa auf?" Was soll man auf solche Fragen schon antworten? Wen interessierte wirklich, wie es woanders war!

Also antworte ich: „Ganz schön eigentlich." Und es klang wohl ziemlich beiläufig.

„Du, die Frage war ganz ernst gemeint. Ich interessiere mich wirklich dafür", insistierte meine liebe Kollegin. „Was ist das für eine Kultur da drüben?"

Am Fenster saß Aida, eine Libanesin. Sie lebte schon acht Jahre in den Vereinigten Staaten und war im Grunde eine viel bessere Nahostexpertin und Kennerin der Kulturen als ich. Aber im Augenblick nahm die Fernsicht aus dem Fenster Aida völlig gefangen, und so stellte ich mich der Aufgabe.

„Tja, im Grund bin ich in mehreren Kulturen aufgewachsen, und schon die beiden benachbarten – die jüdische und die arabische –, sind ganz unterschiedlich."

„Wie das?"

„Na ja, in der jüdischen Kultur sagt man, was man denkt. Man redet unverblümt, und man weiß, woran man mit den Leuten ist."

Ich warf ihr einen Seitenblick zu, um zu sehen, ob sie noch interessiert zuhörte. Sie tat es, und so fuhr ich fort.

„Die arabische Kultur ist sozusagen das Gegenteil – irgendwie blumig, könnte man sagen. Man ist ausgesprochen freundlich und höflich. Wird mir eine Tasse Kaffee angeboten, sage ich: ‚Nein danke.' Dann bietet die Gastgeberin ein zweites Mal an. Und wieder lehne ich dankend ab. Etwa so: ‚Nein, nein, machen Sie sich keine Umstände.' Nach dem dritten Insistieren würde ich sagen: ‚Nein, ich möchte wirklich keinen Kaffee. Bestimmt nicht.' Darauf bekomme ich den Kaffee vorgesetzt und trinke ihn."

„Du machst Witze", stieß meine liebe Kollegin hervor und sah mich entgeistert an.

„Ganz und gar nicht. Es wird einfach erwartet, dass man sich eine Weile ziert – aus reiner Höflichkeit."

„Und wenn man wirklich keinen Kaffee möchte?", fragte sie.

„Nun, dann gibt es bestimmte Floskeln, mit denen man ausdrückt, dass man dem freundlichen Angebot zwar eigentlich nicht widerstehen kann und bestimmt darauf zurückkommt, aber im Augenblick nichts herunterbekommt."

Nun mischte sich auch Aida ins Gespräch. „Nicht zu glauben! Das habe ich überhaupt noch nicht gewusst", sagte sie und erntete unsere erstaunten Blicke.

„Was denn, Aida", rief ich, „ du willst damit sagen – das hättest du nicht gewusst? Du bist doch selber Libanesin!"

„Schon. Aber mir war nicht bewusst, dass das, was du beschreibst, eine Eigenheit von uns ist. Ich bin jetzt schon acht Jahre in den Vereinigten Staaten, und mir ist überhaupt nicht aufgefallen, dass man's hier anders macht. Das gibt mir jetzt aber zu denken.

Ich habe mich immer sehr allein gefühlt, seit ich hergezogen bin, und jetzt wird mir auch klar, warum. Wenn mich Kollegen fragten, ob ich mit zum Essen gehen wolle, habe ich immer aus Höflichkeit abgelehnt und darauf gewartet, dass sie mich ein weiteres Mal fragen. Wenn sie das dann aber nicht taten und ohne mich gingen, glaubte ich natürlich, sie wollten mich nicht dabeihaben und hätten mich nur aus Höflichkeit gefragt. Bei mir zu Hause hätte es geradezu als vorlaut gegolten, gleich beim ersten Mal zuzusagen.

Und aus diesem Grund habe ich wohl hier kaum Freunde gefunden. Erst jetzt – nach all den Jahren – begreife ich, warum das so ist!"

Ich war wie vor den Kopf gestoßen und dachte über die Tragik ihrer Geschichte nach. Ich sagte mir, dass doch eigentlich niemand so leiden solle, nur weil er oder sie sich nicht mit den Sitten und Gebräuchen eines Landes auskennt.

Und so habe ich für die Aidas dieser Welt dieses Büchlein geschrieben.

Sarah A. Lanier

Einleitung

Je mehr Menschen reisen, auswandern, aus Kriegs-
gebieten fliehen und im Ausland arbeiten, desto kleiner wird die Welt. Durch diese Menschenströme
kommt es aber immer häufiger zu Begegnungen zwischen den Kulturen. Und das müssen wir verkraf-
ten lernen. Die modernen Medien und das Internet
tragen noch zusätzlich dazu bei, dass kulturelle Grenzen im Handstreich überrannt werden, und im
Überschwang übersehen wir völlig, wie unterschiedlich wir doch alle sind. Doch sobald wir in
vertiefte Beziehungen treten, führen diese Unterschiede allzu bald zu Abneigungen, weil kulturelle Eigenheiten zutage treten und verbissen ver-
teidigt werden.

Noch nie war es so einfach, nach Übersee zu reisen. Man gelangt zwar an jeden Ort dieser Erde, aber
ob es uns gelingt, dort Menschen wirklich zu begegnen und Freundschaften zu schließen, das steht
auf einem ganz anderen Blatt. So manches Mal kehrt
einer heim und berichtet stolz, wie offen er im fremden Land empfangen worden ist – ohne zu ahnen,
wie viel Irritation und Kopfschütteln er hinterlas-
sen hat. Viel zu wenige Menschen, die mit anderen
Kulturen in Berührung kommen wollen, begreifen,
wie fremd sie auf die Menschen dort wirken, wenn
sie an ihren eigenen Werten und Lebensgewohnheiten stur festhalten. Schließlich müssen sie

darauf gefasst sein, dass Werte, Sitten und Gebräuche im anderen Land auch ihnen ungeläufig sind.

Ein einzelnes Buch kann es natürlich nicht leisten, alle kulturellen Eigenheiten der Völker dieser Erde umfassend zu behandeln, und mit dem vorliegenden wollen wir diesen Anspruch auch nicht erheben. Allerdings – diese Erfahrung habe ich gemacht – gibt es gewisse Grundprinzipien für den gegenseitigen Umgang, die so allgemein gültig sind, dass man sie in Form eines kleinen Ratgebers zur Hilfestellung anbieten kann.

Kulturelle Unterschiede bereichern unser Leben und sind doch gleichzeitig häufig genug Anlass für Zerwürfnisse und Verletzungen. Jede noch so flüchtige Begegnung birgt Konfliktpotenzial. Und unbedarfte Bemerkungen haben so manchen zum Rückzug bewogen. Dass Menschen im Kontakt mit anderen Kulturen arbeiten und leben, war früher einmal etwas Exotisches, doch das ist es längst nicht mehr. Wohin wir uns auch wenden, überall laufen uns Menschen über den Weg, die in einem anderen Wertesystem aufgewachsen und mit anderen Gebräuchen vertraut sind. Und oft genug empfinden wir ihre Lebensweise als anstößig.

Der durchschnittliche Mitarbeiter, der ins Ausland geschickt wird, ist nur unzureichend auf den Umgang mit fremden Kulturen vorbereitet worden, und vielfach besteht auch gar nicht die Einsicht, dass dies notwendig sei. So wird dann manche gute Absicht missdeutet und das kollegiale Klima in der Fremde vergiftet, ohne dass man sich dessen bewusst ist.

Dieses kleine Handbuch, in dem ich meine Erfahrungen mit interkulturellen Begegnungen zusammengefasst habe, ist auf Anregung vieler Zuhörer entstanden, die mich nach meinen Vorträgen darauf angesprochen haben. Darin unterteile ich die Welt in zwei Hälften: in die „Heißklima-Kulturen" und die „Kaltklima-Kulturen". Ich werde dabei immer wieder auf Verallgemeinerungen zurückgreifen müssen, doch diese werden sich als hilfreich erweisen, wenn man sie als das nimmt, was sie sind – Verallgemeinerungen. Ich bin mir jedenfalls gewiss, dass die eine oder andere Anregung denen von Nutzen ist, die Kulturgrenzen überspringen.

AN MEINE LANDSLEUTE

Mit Respekt vor meinen Landsleuten ... habe ich ihre Wesensart aufmerksam studiert. ... und führe die Unterschiede auf eine Ursache zurück, nämlich die Wärme des Klimas, die den Leib schwächt und die Seele entnervt. Befasst mit dieser Frage, gedenke ich euch mitzuteilen, wie ich die Wesensart der Menschen in den verschiedenen Staaten einschätze.

Im Norden sind sie: kühl, nüchtern, arbeitsam, ausdauernd, unabhängig, peinlichst auf ihre Freiheiten bedacht, gerecht anderen gegenüber, wissbegierig, auf den eigenen Vorteil pochend, abergläubisch und heuchlerisch in ihrer Religion. Im Süden aber sind sie: feurig, allen Genüssen zugetan, unduldsam, unstetig, eigenständig, mit Inbrunst freiheitsliebend, aber auch rücksichtslos gegenüber anderen, großzügig, offen und ohne sich mit Rechthaberei allzu eng an eine Religion bindend, sondern eher dem eigenen Herzen folgend.

Die charakteristischen Merkmale schwächen sich auf dem Weg von Nord nach Süd beziehungsweise von Süd nach Nord ab, und so wird der aufmerksame Reisende auch ohne Zuhilfenahme eines Quadranten stets den Längengrad seines Aufenthalts kennen, indem er ihn an der Wesensart der Menschen abliest, unter denen er gerade weilt.

Thomas Jefferson
(Geschrieben an den Marquis von Chastellux am 2. September 1785)

1. Heißes Klima – kaltes Klima

Die Beobachtung, dass Menschen verschiedener Kulturen anders denken und handeln, ist nicht neu. Jeder, der selber reist oder mit Menschen aus fernen Ländern zu tun bekommt, wird dieses Phänomen beobachtet haben. In meinem eigenen Land hat dies bereits zum Ende des 18. Jahrhunderts der amerikanische Präsident Thomas Jefferson bei den Einwohnern festgestellt, die in ganz unterschiedlichen Teilen desselben Landes lebten.

Entsprechend Jeffersons Beobachtungen unter den Amerikanern, kann man die gesamte Weltbevölkerung grob in zwei Gruppen teilen. Man spricht in diesem Zusammenhang von den *Heißklima-Kulturen* und den *Kaltklima-Kulturen*, wobei die einen beziehungsorientiert und die anderen eher leistungsorientiert sind. Auf den Gedanken, dass eine solche Unterscheidung legitim ist, brachte mich Ricardo Rodriguez, ein argentinischer Rechtsanwalt, der in Chile lebte. Als ich neun Monate in diesem südamerikanischen Land verbrachte, war ich auf seine Kenntnisse der dortigen Lebensgewohnheiten angewiesen, um mich halbwegs zurechtzufinden. Ich war ja in Israel aufgewachsen, hatte elf Jahre in Amsterdam gelebt und ausgiebig Europa, den Nahen Osten und Afrika bereist. Meine Familie stammte ursprünglich aus dem Süden der Vereinigten Staaten, und dorthin war ich schließlich zurückgekehrt, um zu studieren. Aber auf die heißblütige chileni-sche Lebensart war ich nicht gefasst. Deren grundle-gendsten Merkmale waren mir völlig fremd.

Ich führte stundenlange Gespräche mit Ricardo, in denen er mich mit der Gedankenwelt seines Lan-des vertraut machte. Erst nach und nach begriff ich, nach welchen Kriterien Vorgesetzte dort entschie-den und wie die Gesellschaft als solche funktionier-te. Während des Studiums begegneten mir dann diese beiden Begriffe – *Heißklima-Kulturen* und *Kaltklima-Kulturen*. Ricardo benutzte sie, um mir verständlich zu machen, was ich tagtäglich erlebte. Und ich konnte seine Ausführungen nur bestätigen. Die südamerikanischen Gesellschaften sind „heiß", denn Beziehungen sind die Grundlage für alles – selbst am Arbeitsplatz. Die Menschen auf der Nord-halbkugel werden dagegen als „kalt" bezeichnet, denn ihr beherrschender Wert ist die Leistung.

Je mehr ich darüber nachdachte, desto klarer wur-de mir, dass die Kultur des Südens in den USA viele Gemeinsamkeiten mit den anderen Heißklima-kulturen hatte – wie etwa in Lateinamerika, jedenfalls mehr als mit den Menschen im Norden der Verei-nigten Staaten. Auch die „kaltklimatischen" Israelis mit europäischem Hintergrund sind enger mit den Niederländern verwandt als mit den orientalischen Juden.

Einige Länder passen nicht so ohne weiteres in das Schema. In Russland zum Beispiel findet man im Verlauf eines Jahres eher ein gemäßigtes, kühles Klima. Doch handelt es sich dort um eine vorwiegend landwirtschaftlich geprägte Kultur, und so verhalten sich die Russen eher so, als würden sie in einer heißen Zone leben. Als ich diesem Phänomen nachging, stellte ich fest, dass dies für die meisten Agrar- und Stammesgesellschaften zutraf. Dazu gehören auch die Ureinwohner Alaskas, die Bergvölker der Anden und des Himalajas und die Völker Osteuropas.

Nachdem ich intensive Kontakte zu den unterschiedlichsten Kulturen gepflegt hatte, wurde mir klar, dass deren Aufteilung in zwei Kategorien die Möglichkeit eröffnet, sich in der Mannigfaltigkeit der Gesellschaften leichter zurechtzufinden. So manches Missverständnis kann auf diese Weise ausgeräumt werden, Konflikte werden entschärft und Unstimmigkeiten zwischen den Menschen, die über die Kulturgrenzen hinweg zusammenarbeiten müssen, werden geklärt. Was mir dabei Mut macht, ist die Beobachtung, dass sich Menschen ganz unterschiedlicher Prägung durchaus verstehen lernen können. Und wer sich versteht, der sucht den Kontakt, statt dem anderen argwöhnisch aus dem Weg zu gehen.

Nachdem ich in Indien zu diesem Thema einen Vortrag gehalten hatte, kam eine Gruppe von Nepalesen auf mich zu. Zwei hatten Tränen in den Augen, und einer von ihnen sagte zu mir: „Wir können nicht verstehen, dass uns niemand zuvor aufgeklärt hat, wie Europäer denken. Sie sind unsere Kollegen gewesen, und doch haben sie uns über Jahre immer wieder in schwierige Situationen gebracht. Zum Beispiel baten sie uns, sie auf Bergtouren in den Himalaja zu begleiten. Wir haben, wie es unsere Kultur verlangt, natürlich ja gesagt. Wie konnten wir ahnen, dass sie sich mit unseren Sitten nicht auskannten! Wie wir es sagten, hätte ihnen deutlich machen müssen, dass wir auf keinen Fall wollten. Aber weil sie Gäste in unserem Land waren und Vorbereitungen zum Aufbruch trafen, mussten wir mit – nur weil wir uns nicht verständlich machen konnten.

Wir wussten nicht, dass sie sich in unserer Kultur nicht auskannten und unser Nein nicht verstanden. Und so waren wir gezwungen, unsere Familien immer wieder im Stich zu lassen – manchmal einen ganzen Monat lang, was uns und unseren Angehörigen viel Kummer bereitet hat. Hätten wir doch nur über die Unterschiede im Denken und Kommunizieren Bescheid gewusst, uns wären viel Leid und viele zerbrochene Beziehungen erspart geblieben."

Ein ähnliches Gespräch fand in Genf statt, wo ich vor berufstätigen Frauen gesprochen hatte. Die Direktorin eines Arbeitszweiges der UNO in Ostafrika kam hinterher auf mich zu. Offensichtlich sehr aufgewühlt, sagte sie: „Ich bin Afrikanerin und habe hier in der Schweiz vierzehn Jahre lang mit Skandinavierinnen zu tun gehabt. Hätte ich doch damals schon, als ich zum ersten Mal in dieses Land kam, gewusst, was ich heute gelernt habe. Ich hätte begriffen, dass das Verhalten meiner Kollegen nicht ungehörig und beleidigend war, sondern Ausdruck kultureller Unterschiede. Bis heute habe ich wenige wirklich gute Freundschaften geschlossen, weil mir die Grundzüge ihrer Kultur nicht bewusst waren."

Man fragt sich natürlich, ob wirklich das Klima eines Landes diese Unterschiede ausmacht. Es gibt viele Theorien zu diesem Thema. Womöglich spielt eine wichtigere Rolle, ob die jeweilige Gesellschaft landwirtschaftlich oder industriell geprägt ist. Oder es hängt doch mit den vorherrschenden Temperaturen zusammen, wobei die Kälte Menschen eher in ihre Häuser treibt, sie mehr für sich sind und weniger nachbarschaftliche Beziehungen pflegen. Im heißen Klima sind die Menschen mehr mit dem Boden verwachsen, dem man etwas abringen muss. Nachbarschaftshilfe ist da fast immer vonnöten, und deshalb sind Beziehungen so wichtig.

Nach meiner Theorie war früher die ganze Welt eher „heißklimatisch", und erst mit der industriellen Revolution und dem damit verbundenen Zwang, die Zeit zu strukturieren, veränderten sich manche Gesellschaften. Aber was immer die Ursache sein mag, es ist zu dieser Trennung gekommen, und wir müssen uns damit arrangieren, wenn wir mit unseren Nachbarn gut auskommen wollen.

Zu den Regionen mit kaltem Klima zähle ich Kanada, die Nordstaaten der USA, Europa nördlich der Alpen, Israel mit den europäischen Juden, die weiße Bevölkerung Neuseelands und Australiens, das südliche Brasilien und die weiße Bevölkerung Südafrikas, aber auch alle anderen Länder, die vorwiegend von ehemaligen Europäern bewohnt werden wie Argentinien.

Zu den Heißklimakulturen gehören meiner Meinung nach die Südstaaten der USA, Asien, die pazifischen Inselstaaten, Südamerika (außer den bereits genannten Gebieten), Afrika, die Mittelmeerländer, der Nahe und Mittlere Osten und alle übrigen nicht genannten Länder.

Wanda, eine Farmerstochter aus dem südlichen Georgia erzählte: „Ich habe zwölf Jahre auf den Philippinen gelebt. Und sobald ich das Flugzeug dort verließ, habe ich mich heimisch gefühlt. Die Filipinos sind genauso freundlich, spontan, offenherzig und locker wie wir zu Hause. Andere redeten von einem Kulturschock, und ich fragte mich jedes Mal, was ihr Problem sei."

Weshalb konnte sich die Frau aus den Südstaaten der USA unter den Filipinos so heimisch fühlen? Es gibt auf diese Frage ein paar Antworten, die ich im Folgenden entfalten will.

2. Beziehung oder Leistung

Man erzählt sich, der frühere amerikanische Präsident Jimmy Carter habe die westliche Presse auf eine harte Geduldsprobe gestellt, als er zu Friedensverhandlungen mit dem Ägypter Anwar as-Sadat und Israels Ministerpräsident Menachem Begin zusammentraf. Während die Reporter ungeduldig auf Neuigkeiten lauerten, um ihre Agenturen zu befriedigen, saßen die drei Staatsmänner hinter verschlossenen Türen und tranken in aller Seelenruhe Kaffee. Es verging ein ganzer Tag und noch einer, und keine Informationen drangen nach draußen. Drinnen erfuhren unterdessen die drei Männer die Namen ihrer Enkelkinder, man schloss Freundschaft, und so wurde ein Klima des gegenseitigen Vertrauens geschaffen, und als Ergebnis kam das Abkommen von Camp David heraus.

Jimmy Carter, ein Erdnussfarmer aus dem südlichen Georgia, ist ein typischer Vertreter der Heißklima-Kultur. Er versteht es, schwierige Situationen mit Gelassenheit anzugehen. Bis heute schätzt man ihn als geschickten Vermittler, wenn es darum geht, weltweit mit Politikern aus der Heißklima-Zone diplomatisch zu verhandeln. Die Fähigkeit dazu scheint ihm in die Wiege gelegt worden zu sein.

Ein wichtiger Unterschied zwischen den beiden Kulturen vor allem im geschäftlichen Bereich besteht in der Bewertung, was wichtiger ist: Beziehun-

gen oder Effektivität und Leistung. In den Heißklima-Kulturen stehen immer die Beziehungen an
oberster Stelle, während man in den Kaltklima-
Kulturen eher zielorientiert auf die Erfüllung einer
Aufgabe zustrebt. Ich selber komme ja aus dem
Süden und weiß deshalb, wie wichtig man es nimmt,
freundlich miteinander auszukommen, und jeder
hält sich an diese Regel. Betreten Sie ein Geschäft,
wird gleich zu Anfang ein nettes Klima geschaffen.
Es ist ganz egal, worüber man redet, ob übers Wetter oder den neuesten Klatsch oder ein ernst gemein-
tes „Wie geht's denn heute so?" in den Raum stellt.

Sobald die Wohlfühlatmosphäre geschaffen ist,
kann es um das eigentliche Anliegen gehen, wobei
man auch hier eher redselig als wortkarg auftritt. So
sagt man vielleicht: „Ach, wissen Sie, ich suche etwas aus der Eisenwarenabteilung. Könnten Sie mir
zeigen, wo die ist? Ich kenne mich hier nicht so aus."
Ein kurzes „Ich brauche Nägel" wäre völlig unpas-
send. Das würde man als Grobheit auffassen.

Würde ich im Süden zu jemand sagen: „War gerade beim Friseur. Wie findest du's?", so gibt es darauf
nur eine mögliche Antwort, auch wenn die Frisur
das Wort „hässlich" ganz neu definiert: „Sieht klasse
aus!" Es geht nicht darum, wahrheitsgetreue Informationen auszutauschen, sondern seine Zuneigung
zu bekunden.

Warum reagiert man im Süden so und nicht
anders? Kommunikation in Heißklima-Kulturen
hat zuallererst ein Anliegen: Es soll eine Atmosphä-

re geschaffen werden, in der sich alle Beteiligten wohl fühlen. Die Wahrheit im Sinne der nördlichen Definition ist immer zweitrangig und darf niemals eine Beziehung gefährden, so oberflächlich sie auch sein mag. Niemand wäre um diesen Preis bereit, mir ins Gesicht zu sagen, wie grausig meine Frisur ist. Wie unvorteilhaft ich aussehe, muss ich schon auf andere Weise herausbekommen.

Ich habe über dieses Beispiel mit einer Frau gesprochen, die auch eine „Südländerin" war. Sie amüsierte sich sehr darüber, meinte aber, dass es ihr persönlich immer lieber wäre, zu wissen, woran sie sei. Wochen später kam ich dann tatsächlich mit einem völlig verhunzten Haarschopf vom Friseur. Es war alles viel zu kurz geschnitten. Dann begegnete ich eben jener Freundin. Sie fände es schick, meinte sie, aber im Gehen rief sie mir noch hinterher, ich solle mir nichts draus machen, es werde schon wieder wachsen. Auch sie sprach also „durch die Blume".

Im kalt klimatisierten Holland dagegen hat informative Kommunikation die oberste Priorität. Würde ich mich dort bei einer Freundin erkundigen, wie sie meine Frisur fände, wäre sie darauf bedacht, mich so informativ wie möglich zu bedienen, ohne sich darüber Gedanken zu machen, wie die Antwort meine Gefühle verletzt. So käme womöglich die Antwort: „Ist unvorteilhaft für deine Pausbacken." Auf meinen Einwand, dass mich das kränke, käme die Antwort: „Du hast mich doch nach meiner Meinung gefragt! *Du* bist doch okay, nur deine Frisur nicht."

In den Kaltklima-Kulturen werden Gefühle von Informationen fein säuberlich getrennt. Eine knappe Antwort wird von Menschen aus dem südlichen Kulturkreis oft als Affront und Ausdruck von Ablehnung empfunden und persönlich genommen. Bewohner einer Kaltklima-Zone mögen ansonsten freundliche und warmherzige Menschen sein, aber wenn es darum geht, eine Leistung zu erbringen, so ist der Betreffende ganz und gar auf die Erfüllung seiner Aufgabe ausgerichtet. Persönliche Befindlichkeiten bleiben dabei unberücksichtigt.

Wenden wir unsere Klimaunterscheidung auf den persönlichen Bereich an, so sprechen wir von Gefühlsmenschen und Verstandesmenschen.

Der Gefühlsmensch hat immer zuerst sein Gegenüber im Sinn und ist bestrebt, die zu erledigende Aufgabe in die Beziehung zu integrieren – auch auf die Gefahr hin, dass es wegen der zwischenmenschlichen Aspekte zu Verzögerungen kommt. Für den Verstandesmenschen hat die Erfüllung der Aufgabe oberste Priorität, und er ordnet alles Zwischenmenschliche der Leistung unter – selbst wenn dabei in Kauf genommen werden muss, dass man die Gefühle des anderen verletzt. Die Hauptsache ist, das gesteckte Ziel optimal zu erreichen.

Verstandesmenschen meinen es nicht unfreundlich. Sie rechnen einfach damit, dass der andere genauso denkt. Und die Gefühlsmenschen glauben, ihr Gegenüber fühle in jedem Fall wie sie. So kommt es, dass sich Menschen unterschiedlicher Ausrichtung kränken, ohne es zu wollen.

Jeder von uns kann sich mehr oder weniger deutlich einem dieser Menschentypen zuordnen, egal, in welcher Kultur er lebt, aber die Kulturen selbst entwickeln auch eine Art kollektive Persönlichkeit. Selbst der Gefühlsmensch im kaltklimatischen Norden wird sich an seine Umgebung anpassen und im Geschäftsleben nüchtern und aufgabenorientiert handeln. Er lernt es, die knappe Zeit des anderen zu respektieren und so effektiv wie möglich seine Aufgabe zu erledigen.

Und Verstandesmenschen in einem heißen Klima werden irgendwann mitbekommen, dass ein paar zusätzliche freundliche Worte und ein breites Lächeln so manche Tür öffnen. Oft ist es dann sogar „effizienter", dafür zu sorgen, dass das Gegenüber sich wohl und angenommen fühlt.

Nur müssen wir das alles voneinander wissen, um unser Verhalten entsprechend anpassen zu können!

In einer Heißklima-Kultur werden Worte dazu benutzt, Atmosphäre zu schaffen. Deren lexikalische Bedeutung ist nicht halb so wichtig wie die Vertrautheit, die hergestellt werden soll. Dies verdeutlicht ein Beispiel. Einer meiner Bekannten bereiste den Nahen Osten. Während eines Fluges kam die Stewardess und fragte: „Entschuldigen Sie, Sir, möchten Sie lieber Kaffee oder Tee?"

„Ich hätte gern eine Tasse Kaffee", antwortete er.

Darauf die Stewardess: „Es tut mir Leid, aber wir haben im Moment nur Tee."

Für den Mann aus der Kaltklima-Kultur mit seinem Hang zur Logik machte dieser Dialog wenig Sinn, der Stewardess aus dem Jemen aber ging es darum, dem Gast das Gefühl zu geben, nett bedient zu werden.

Beziehung oder Leistung

Merkhilfen zum Thema

Heißklima-Kulturen
- Beziehungsorientiert
- Kommunikation dient dazu, Wohlfühlatmosphäre zu schaffen.
- Der Einzelne mag anders geartet sein, aber die Gesellschaft ist emotional gesteuert.
- Zwischenmenschliches hat stets höhere Priorität als Effizienz und Zeit.
- Es ist verpönt, bei einem Termin oder Telefonat ohne Umschweife zum Geschäftlichen zu kommen.

Kaltklima-Kulturen
- Leistungsorientiert
- Kommunikation dient dem Austausch von Information.
- Der Einzelne mag anders geartet sein, aber die Gesellschaft ist rational gesteuert.
- Effizienz und Zeitoptimierung besitzen höhere Priorität als zwischenmenschliche Beziehungen.

3. Kommunikation –
direkt oder indirekt

Ein weiterer auffälliger Unterschied zwischen Heißklima-Kulturen und Kaltklima-Kulturen betrifft
den Kommunikationscharakter – ob er direkt und
geradeheraus ist oder indirekt und eher verhüllend.
In beziehungsorientierten Gesellschaften soll die blu-
mige Rede nicht nur Beleidigungen verhindern und
eine Wohlfühlatmosphäre schaffen, sondern man ver-
folgt immer auch das Anliegen, die eigene Position
etwas vage darzustellen, um sie dem anderen nicht
aufzudrängen. Der Angehörige einer Kaltklima-Kultur, für den Genauigkeit zählt, wird dagegen ohne
Umschweife auf den Punkt kommen. Jede Frage
wird so akkurat und wahrheitsgetreu wie möglich
beantwortet. Hier einige Beispiele:

Jemand beabsichtigt, mit dem Auto in die Stadt
zu fahren, und ein Nachbar fragt, ob er mitfahren
kann. Der Fahrer, der die indirekte Redeweise gewohnt ist, wird etwa folgendermaßen antworten:
„Würde mich freuen, wenn du mitkämst, aber ich
weiß gar nicht, ob genug Platz sein wird. Ist ja nur
ein Fünfsitzer, und so viele haben sich eigentlich
schon zum Mitfahren angemeldet. Mal sehen, ob
wir dich noch dazuquetschen können." Eigentlich
weiß der Betreffende, dass das kaum möglich sein
wird, aber er mag es dem anderen nicht so unver-

blümt ins Gesicht sagen. Der Zeitgenosse aus einer Kaltklima-Kultur sieht das ganz anders. Für ihn ist es ein Ausdruck des Respekts, zu sagen, was man von der Sache hält, und das Informationsbedürfnis des andern zu befriedigen: „Tut mir echt Leid, aber wir sind schon besetzt." Das ist dann kein Affront, sondern eine Information.

Als ich einmal in Hawaii eine Vortragsreihe über verschiedene Kulturen hielt, hatte ich Zuhörer aus zwölf verschiedenen Ländern. Irgendwann kam ich auch auf die indirekte Kommunikation in den südlichen Ländern zu sprechen, und ein Teilnehmer aus Deutschland meinte ungläubig: „Ich kann mir gar nicht vorstellen, dass das so ist. Warum sollten Menschen auf Nachfrage nicht geradeheraus sagen, was Sache ist?"

Ein Filipino antwortete: „Aber es ist so! Genau so verhalten wir uns zu Hause."

Der Deutsche schüttelte den Kopf und meinte, dass es schon komisch sei, so kompliziert miteinander umzugehen. Er sagte, was er dachte.

Etwas später ließ ich die Zuhörer Gesprächsgruppen bilden. Unter ihnen war auch ein asiatisches Paar. Da die Frau zu wenig Englisch konnte, um dem Vortrag zu folgen, dolmetschte der Mann für sie. So war sie nicht imstande gewesen, in der großen Runde am Gespräch teilzunehmen, aber ich bemerkte wohl, dass sie in der kleinen Gruppe durchaus am Gespräch teilnahm.

Als alle wieder zusammenkamen, meinte ich, es

könne vielleicht interessant sein, die Meinung der asiatischen Dame zu hören, und so bat ich sie, für ihre Gruppe etwas zu sagen. „Sie dürfen auch in Ihrer Muttersprache sprechen", machte ich ihr Mut. „Ihr Mann übersetzt dann einfach für Sie."

Sie lächelte schüchtern und nickte. „Ja, würde ich gern. Ja gern."

Da meldete sich einer meiner amerikanischen Zuhörer zu Wort: „Sarah, haben Sie nicht gerade einen Fehler gemacht? Sie haben ihr eine ganz direkte Frage gestellt, und sie sagt natürlich ja, obwohl sie nein meint, weil sie es nicht so geradeheraus sagen kann. Das haben Sie uns doch gerade beigebracht, oder?"

Ich schlug mir mit der Hand gegen die Stirn und rief: „Sie haben ja so Recht! Das habe ich vermasselt." Also wandte ich mich an den Ehemann und sagte: „Würden Sie Ihre Frau noch einmal fragen, ob sie wirklich für ihre Gruppe sprechen möchte?"

Er fragte sie in ihrer Muttersprache und wandte sich mit der Antwort an mich: „Sie bittet darum, nicht vor allen reden zu müssen. Es wäre ihr peinlich. Sie möchte also nicht gebeten werden."

Also ließ ich sie – um eine Erfahrung reicher – ganz in Ruhe.

Ein weiteres Beispiel: „Wo ist denn das nächste Postamt?" So mancher Tourist in der Türkei oder auch auf den Philippinen hat eine solche Frage gestellt und sofort eine äußerst freundliche Antwort bekommen. Doch wenn er den Anweisungen gefolgt ist, war am angegebenen Ziel keine Post.

Manchmal gab es gar keine am Ort! Es kommt eben in diesen Ländern immer wieder vor, dass der Gefragte es einfach nicht übers Herz bringt, eine abschlägige Antwort zu geben und den anderen zu enttäuschen, und so sagt er etwas Nettes, obgleich er keine Ahnung hat.

Wie kommt man dann aber der Wahrheit auf die Spur? Man sollte nicht geradeheraus fragen, damit der andere nicht in die Zwangslage gerät, sich für fehlendes Wissen zu schämen. Um die Lage des Postamtes herauszubekommen, sind Umwege nötig.

So könnte man den Passanten fragen, ob er sich nicht bei jener Frau an der Ecke erkundigen könne, wo die nächste Post sei. Die Befragte kann dem Boten nämlich unbekümmert gestehen, sie habe keine Ahnung, denn sie ist es ja nicht, die dem Fremden womöglich eine Enttäuschung bereiten muss. Sie werden irgendwann die Erfahrung machen, dass Sie in diesen Ländern selten auf dem direkten Weg an das Ziel gelangen, das Sie anstreben.

Wenn Sie im Süden einen Zimmernachbarn haben und Sie wissen wollen, ob ihn Ihre Musik stört, sollten Sie die Frage so direkt wie möglich stellen: „Stört Sie eigentlich meine Musik?"

Garantiert werden Sie die gewünschte Antwort bekommen: „Nein, natürlich nicht!"

Wenn Sie es aber genau wissen wollen, müssen Sie es auf Umwegen erfragen. Das kann man auf ganz unterschiedliche Weise anstellen. So könnte man zum Beispiel fragen: „Was ist denn Ihre

Lieblingsmusik?" (Nennt er eine andere, möchte er Ihre nicht mehr hören.) Aber es kann auch ratsam sein, einen Dritten mit einzubeziehen: „Frag doch mal Mario, was er von meiner Musik hält." Menschen aus der Kaltklima-Zone erscheint der Umweg über einen Dritten womöglich sogar als wenig taktvoll, wo es doch nur darum geht, eine schlichte Information zu bekommen. Aber glauben Sie mir, in Heißklima-Kulturen ist dies der geeignete Weg, um die Wahrheit herauszubekommen, ohne dem anderen auch nur versehentlich auf die Füße zu treten. Das gilt es um jeden Preis zu verhindern.

Für Bewohner der Kaltklima-Zone hat diese umständliche Vorgehensweise geradezu etwas Lächerliches. „Warum können diese Leute nicht einfach sagen, was sie meinen? Warum ist ihr Nein nicht ein Nein und ihr Ja kein Ja?" Die Antwort lautet auch hier wieder: Es geht zuallererst um gutes Klima, um Verbindlichkeit, nicht aber um den Austausch von Informationen.

Sollten Sie ohne Umschweife ja zu einem Kaffeeangebot sagen, dann erscheinen Sie als gierig, ein Mensch ohne Manieren, als ginge es Ihnen zuallererst darum, Ihren Kaffee zu schlürfen, statt sich zunächst einmal ausgiebig am Zwischenmenschlichen der Begegnung zu erfreuen.

Ich nannte das Beispiel von dem Haushaltswarengeschäft im Süden. Würden Sie einen solchen Laden in den Niederlanden betreten und den Verkäufer mit netten Belanglosigkeiten begrüßen, würde der sich belästigt fühlen, weil Sie ihm unnötigerweise die Zeit stehlen. Mit einem netten „Guten Tag" und „Ich hätte gern ..." tun Sie der Höflichkeit Genüge. Was geht es Sie an, wie es dem anderen heute geht und wie er mit dem schauderhaften Wetter zurechtkommt? Das sind persönliche Dinge, die Verwandten und engen Freunden vorbehalten sind.

Im Vordergrund steht der Erwerb der Nägel. Man muss sich handelseinig werden – das ist alles. Eine wortkarge Antwort wirkt nicht ungehobelt, sondern ist Ausdruck des Bestrebens, so effektiv und reibungslos wie möglich einen Einkauf zu tätigen.

Durch meinen Aufenthalt in den Niederlanden habe ich Kommunikation nach Art der Kaltklima-Kulturen gelernt. Als ich dann nach Chile kam, war mir die Technik der indirekten Ansprache fast schon verloren gegangen. Und mit meinen engsten Latino-Freunden machte ich aus, es abwechselnd mit beiden Spracharten zu versuchen – „directo" und „indirecto".

Eines Tages fragte ich Gladys, ob sie mich nach Santiago begleiten wolle.

„O, si, si, quiero ir contigo." (Ja, ja, ich würde gern mit dir gehen.)

Aber dann wollte ich doch sichergehen und fragte: „Hablas ‚directo' o ‚indirecto'?" (Sprichst du „direkt" oder „indirekt"?)

Sie grinste und gab zu: „Indirecto, es verdad. No quiero." (Indirekt, eigentlich. Ich möchte nicht mitkommen.)

In einer ländlichen Gegend im nördlichen Argentinien sprach ich mit ein paar Freunden über dieses Phänomen. Meine Gastgeberin, die mir bis dahin herzlich und freundlich entgegengetreten war, war plötzlich wie ausgewechselt. Alles, worum ich sie bat, lehnte sie ab, und sie war stets anderer Meinung, wenn wir uns unterhielten. Nach ein paar Tagen machte ich mir Gedanken. Was hatte ich bloß getan, dass ich sie so gegen mich aufbrachte? Schließlich fragte ich sie danach, und sie antwortete: „Ach wo, Sarah, du hast mich nicht gekränkt. Aber du hattest gemeint, ich müsse nein sagen lernen. Das praktiziere ich jetzt nur." Das Neinsagen war ihr bislang so fremd gewesen, dass sie es nicht auf Anhieb verstand, richtig damit umzugehen.

Als ich nach Jahren in den Süden zurückkehrte, war ich durch den ständigen Wechsel der Kulturen gut geschult, und mir wurde wieder einmal bewusst, wie viel Fingerspitzengefühl es verlangt, herauszubekommen, was ein Mensch aus dem Süden wirklich möchte. Ein schlichtes Ja oder Nein beantwortet selten die Frage.

Kommunikation – direkt oder indirekt

Merkhilfen zum Thema

Direkte Kommunikation
- Kurze Fragen ohne Umschweife sind Ausdruck von Rücksichtnahme auf die möglicherweise knappe Zeit des anderen.
- Ein Ja ist ein Ja und ein Nein ist ein Nein. Es gibt keine versteckten Botschaften.
- Eine ehrliche, unverblümte Antwort ist pure Information. Was dabei empfunden wird, spielt keine Rolle.
- Man kann (taktvoll) sagen, was man denkt, und Kritik wird nicht von vornherein als persönlicher Affront gewertet.

Indirekte Kommunikation
- Es geht zuallererst darum, verbindlich zu sein. Fragen dürfen nicht so formuliert werden, dass sie durch ihre Unverblümtheit den andern in Verlegenheit bringen.
- Bedienen Sie sich einer dritten Person, wenn Sie Gefahr laufen, durch eine zu direkt gestellte Frage Schaden anzurichten oder gar nicht an Ihr Ziel zu gelangen.
- Ein Ja ist nicht unbedingt die Antwort auf Ihre Frage. Womöglich ist es nur die Floskel, die ein entspanntes Miteinander einleiten soll. Oder es

gehört einfach nur zu den Anstandsregeln eines Landes.

- Vermeiden Sie deshalb Fragen, die mit ja oder nein zu beantworten sind.
- Gehen Sie, wenn möglich, Menschen aus dem Weg, bei denen es zu kompliziert werden könnte.

4. Individualismus gegen Gruppenidentität

Ein weiterer bedeutender Kulturunterschied besteht in der Einstellung zum Individuum in der Gruppe. In den meisten Kaltklima-Gesellschaften bringt man den Kindern von klein auf bei: „Du bist ein eigenständiger Mensch, lerne also selbständig zu denken." Die Kinder in diesen Ländern werden zur eigenen Meinung erzogen und auch angehalten, sie zu verteidigen. Individualität und Eigenständigkeit werden als hohe Werte propagiert. Zu den Grundwerten der Vereinigten Staaten gehört das Recht des Einzelnen, als solcher respektiert zu werden. „Das ist mein gutes Recht", sagen wir mit tiefster Überzeugung, sobald wir uns ungerecht behandelt fühlen. Aber als Kehrseite dieser geförderten Individualität kann sich auch eine gewisse Borniertheit entwickeln, dass wir sagen: „Ich mache mein Ding, lass mich in Frieden – und du machst deins."

In den meisten Heißklima-Kulturen sieht es ganz anders aus. Die Kinder hören genau das Gegenteil: „Du gehörst dazu. Du gehörst zu deiner Familie, zu deinem Stamm, zu deiner Dorfgemeinschaft. (Bei den Maoris auf Neuseeland gibt es den Spruch: ‚Du gehörst dazu, also bist du.') Was du tust, betrifft alle. Benimm dich so, dass du deiner Sippe keine

Schande machst. Einer ist für den anderen da, und niemand wird im Stich gelassen."

Es ist ein ausgeprägtes Gruppenbewusstsein vorhanden, und das besagt: „Wir sind eine Gemeinschaft und müssen alles teilen – Nahrung, Privatleben und selbst das Denken, um dem Ganzen zu dienen." Unter diesen Umständen wird selten jemand „aus der Reihe tanzen" und seinen individuellen Weg gehen.

Ein weit verbreiteter Fehler ist es, auf multikulturellen Veranstaltungen die Teilnehmer zu bitten, ihre Meinung zu äußern. Der Amerikaner wird ohne weiteres aufstehen und sagen, was er denkt, der Kenianer aber nicht. Er wird sich erst dann äußern, wenn er die Möglichkeit hatte, mit seiner Gruppe Rücksprache zu halten. Wenn er bereits weiß, was die Gruppe denkt, wird er sich äußern, dabei aber nicht seine eigene Meinung preisgeben, sondern lediglich den Konsens vertreten. So kommt es, dass die einzelne kenianische Stimme die Meinung von zwanzig Personen wiedergibt, die des Amerikaners oder Mitteleuropäers aber lediglich die des einzelnen Redners. Die Veranstalter internationaler Kongresse sollten also organisatorische Maßnahmen ergreifen, damit bestimmte Teilnehmer sich bei ihren Landsleuten rückversichern können.

So wurde ein Kongress veranstaltet, auf dem Teilnehmer aus über zwanzig Ländern vertreten waren. Veranstaltungssprache im Plenum und in den Workshops war Englisch. Auch die Veranstalter kamen aus Europa und Amerika. Zu Anfang diskutierte man darüber, ob die Redner, die nicht Englisch sprachen, direkt vom Podium von einem Dolmetscher ins Englische übersetzt werden sollten oder ob man – um Zeit zu sparen – lieber Simultandolmetscher einsetzen sollte. Aus den zahlreichen Wortmeldungen war zu schließen, dass eine Mehrheit für das Simultandolmetschen über Kopfhörer war.

Schließlich stand ein Bolivianer auf und gab zu bedenken, wie problematisch Simultandolmetschen sei. Es würden oft nur halbe Sätze gehört und übertragen, weil die Zeit fehle, den Satz zu beenden, bevor der Redner den nächsten anfinge. Das abwechselnde Übersetzen würde auch denen helfen, für die Englisch eine Fremdsprache sei.

Der Veranstaltungsleiter hörte sich die Argumente des Bolivianers zwar an, wandte dann aber ein: „Das mag stimmen, aber die Mehrheit scheint der Meinung zu sein, dass es den Zeitverlust nicht wert ist."

Den Veranstaltern war offensichtlich nicht klar, dass der Bolivianer die eigentliche Mehrheitsmeinung vertrat. Der Rest dieser Mehrheit meldete sich einfach nicht zu Wort, weil einer für sie sprach, und da schien es nicht nötig, sich als Individuen Gehör zu verschaffen, wogegen alle Angehörigen der „individualistischen" Gesellschaften für sich selber sprachen und so scheinbar die Mehrheit bildeten. Eine Stimme aus der Heißklima-Kultur kam auf mindestens zwanzig aus der Kaltklima-Kultur.

Wenn man dann noch berücksichtigt, dass die Vertreter des Südens nicht nur als Gruppe auftreten, sondern darüber hinaus eine Scheu haben, direkt und ohne Umschweife ihre Meinung zu äußern, dann wird klar, wie wenig Chancen die Mehrheit hatte, sich auf diesem Kongress durchzusetzen.

Aber auch auf andere Weise treten die Unterschiede zwischen Individualidentität und Gruppenidentität zutage. Ich ging eines Abends in Amsterdam spazieren, als ein paar arabische Halbwüchsige anfingen, mich zu verfolgen und mir auf Arabisch anzügliche Bemerkungen hinterher zu rufen. Es bereitete ihnen größtes Vergnügen, an jemand ihre Coolness auszuprobieren, der sie, wie sie meinten, nicht verstand. Zu ihrer großen Überraschung drehte ich mich plötzlich um und stellte sie zur Rede. „Wie heißt ihr mit Familiennamen?", herrschte ich sie an.

Damit hatten sie nicht gerechnet, und entgeistert stammelten sie, warum ich das wissen wolle.

Ich antwortete: „Ich will wissen, zu welchen Familien ihr Jungs gehört, damit ich euren Vätern Bescheid sagen kann, wie ihr euch hier draußen aufführt. Wenn sie mitkriegen, wie ihr mit eurem Verhalten der Familie Schande macht, kriegt ihr die Strafe, die ihr verdient."

„Ach nein! Nein, nein!", bettelten sie. „Sagen Sie unseren Eltern nichts. Wir haben doch nur ein bisschen Spaß gemacht. War nicht ernst gemeint. Sorry." Dann sprinteten sie fort.

Ich hatte es genau richtig gemacht. Da ich wusste, dass sie arabischer Herkunft waren, war ihre Gruppenidentität stark ausgebildet. Das bedeutete, dass jede Ungehörigkeit auf die Familie zurückfiel oder in der Heimat sogar auf ein ganzes Dorf. Der Mensch wird nicht als unabhängiges Einzelwesen betrachtet, dessen Verhalten allein ihm zugerechnet wird. Als ich ihre Familien ins Spiel brachte, wurde ihnen schlagartig klar, dass ihr schlechtes Benehmen nicht nur Folgen für sie selber haben würde, sondern gleich für die ganze Familie.

Wenn „Individualisten" auf verarmte Gesellschaften mit Gruppenidentität treffen

In den Vereinigten Staaten ist es seit dem Ende der Weltwirtschaftskrise zu keinen nennenswerten ökonomischen Rückschlägen mehr gekommen, und so sind die Menschen normalerweise auch wohl genährt. Das Essen dient nicht mehr zuallererst der Nahrungsaufnahme, sondern zum großen Teil nur noch dem Vergnügen und zur Steigerung der Lebensfreude. In der westlichen Welt ist man inzwischen an die bunte Vielfalt von Geschmacksreizen gewöhnt, und man hält es für selbstverständlich, wählen zu können.

Wenn wir aus Europa und Nordamerika in Länder reisen, in denen das Essen noch primär der Sättigung dient, ist uns oft gar nicht bewusst, wie beleidigend es wirkt, etwas zurückzuweisen, was einem vermutlich nicht munden wird. In diesen Ländern spielt es kaum eine Rolle, ob das vorgesetzte Essen auch *schmeckt*. In armen Ländern oder auch bei mittellosen Familien in sonst begüterten Gesellschaften geht es zuallererst darum, den Magen irgendwie zu füllen. Über Geschmacksvielfalt denkt man da nicht nach.

Als wir eine Gruppe junger Amerikaner auf eine Reise in ein Land der Dritten Welt vorbereiteten, fragte einer der Teilnehmer: „Was machen wir aber, wenn uns das Essen nicht schmeckt?"

Ich antwortete: „Ihr esst es auf. Das gute Verhältnis zum Gastgeber steht auf dem Spiel. Aufessen bedeutet, die Gastfreundschaft anzunehmen, und das hat höheren Wert als das Wohlgefühl auf der Zunge."

Der individualistisch geprägte Mensch ist es gewohnt, darüber zu entscheiden, was er mag und was nicht. In kollektivistischen Kulturen bedeutet diese Freiheit nicht viel. Niemand käme auf den Gedanken, sich die Frage zu stellen, ob ihm das Essen schmeckt. Man isst, weil es satt macht, und freut sich, weil man so nett bewirtet wird.

Ricardo, mein Mentor, sagte einmal zu mir: „Sarah, in den Ländern, in denen seit mehreren Generationen großer Wohlstand herrscht, gehört es zum Lebenssinn, nach Komfort und Bequemlichkeit zu streben. Aber von diesen Ländern gibt es gar nicht so viele. In den meisten Gegenden geht es lediglich darum, das Überleben zu sichern. Luxus ist immer nur eine Zugabe, wenn es bei besonderen Gelegenheiten etwas zu feiern gibt."

Wenn die arme Gastfamilie reichlich auftischt, dann sind dies die Vorräte für mehrere Tage, weil man zeigen will, wie freigebig man ist. Die Familie wird sich danach mit den Resten begnügen müssen. So mancher Gast fühlt sich allerdings bemüßigt, alle Schalen bis zur Neige zu leeren, während der Gastgeber sich über jeden Rest heimlich freut. Bevor man also in eine fremde Gegend reist, sollte man sich sachkundig machen, welche Sitten und Gebräuche dort üblich sind.

Bei uns in Amerika ist Überfluss eine Selbstverständlichkeit. Die letzte große Wirtschaftskrise ist so lange her, dass sich nur noch die ältere Generation daran erinnern kann, und in den vergangenen hundert Jahren hat kein Krieg das Land verwüstet. Deshalb sollten wir und alle Bewohner wohlhabender Länder, wenn wir bei weniger Wohlhabenden zu Gast sind, nicht mit der Attitüde des Verschwenders auftreten, dem die kargen Ressourcen des jeweiligen Landes wenig bedeuten. Wenn wir Dinge offenkundig gering schätzen, werden wir dabei von Menschen beobachtet werden, die wissen, was es heißt, sich das Wenige schwer zu erarbeiten.

Individualismus und Gruppenidentität in einem Team

Als Angehöriger einer individualistischen Gesellschaft fühlt man sich in einer Arbeitsgruppe als Gleicher unter Gleichen. Zwar mögen auch Leitungsfunktionen besetzt sein, aber von dort erwartet man nicht alle Entscheidungen. Jedes Teammitglied fühlt sich als Individuum berechtigt, auch eine Gegenmeinung zum Leiter zu äußern und initiativ zu werden – je nach Begabung und Vermögen.

In Gesellschaften mit ausgeprägter Gruppenidentität mag das ganz anders aussehen. Dort hat der Leiter oder Vorgesetzte eine ungleich stärkere Position. Er ist es zumeist, von dem die Initiative ausgeht. Und die Mitglieder der Gruppe warten artig darauf, angesprochen zu werden, statt sich selbständig einzubringen.

Es geht sogar so weit, dass der Rest des Teams ein Vorpreschen Einzelner nicht duldet, und es ist nicht der Chef, der den Vorlauten zurechtweist, sondern die Gruppe selber, damit die Einheit nicht Schaden nimmt. In Ostafrika hörte ich sagen: „Wenn ein Nagel höher steht als die anderen, schlagen wir ihn ein."

Menschen mit individualistischem Hintergrund mögen das nicht nachvollziehen können. Sie erwarten geradezu die Eigeninitiative einzelner Teammitglieder.

Ein junges Team aus einem westlichen Land ging

für drei Monate nach Afrika, um dort zu helfen. Der Teamleiter war Afrikaner, und im Laufe der Zeit beklagten sich immer mehr Mitglieder, dass sie in Entscheidungen nicht einbezogen würden und man sie in bestimmte Abläufe nicht einweihe. Sie hörten immer nur: „Tu dies, tu das."

Als ich später mit dem Leiter darüber sprach, war er ganz überrascht, zu hören, dass manche sich übergangen fühlten. Aus seiner Sicht hatte er doch allen das vermittelt, was sie für die jeweilige Aufgabe wissen mussten.

In einer Gruppenkultur wird von der Führung erwartet, dass sie bestimmt, und die Mannschaft folgt mehr oder weniger mechanisch. Ein Aufbegehren gegen die oberste Autorität in der Gruppe ist selten. Das alles ist ausgesprochen gewöhnungsbedürftig für jeden, der aus einer individualistischen Kultur stammt und mit dem Gefühl zurechtkommen muss, die eigene Individualität dabei aufzugeben. Aber vielleicht täte es auch uns auf der nördlichen Halbkugel zuweilen gut, ein bisschen mehr Wir-Gefühl zu entwickeln und das Ich gelegentlich hintanzustellen.

Genauso ungewohnt ist es natürlich, wenn jemand aus einem kollektivistischen Umfeld in eine individualistische Gesellschaft gerät. Plötzlich ganz auf sich allein gestellt zu sein bedeutet zunächst, mit größter Einsamkeit fertig zu werden. Und so mancher ist völlig überfordert, wenn er unerwartet in Entscheidungen die persönliche Meinung mit einfließen lassen muss und gezwungen ist, aus eigenem Antrieb zu handeln.

Ein Filipino und ein Amerikaner teilen sich einen Schlafsaal mit drei anderen. Der Amerikaner hat sein Radio an und spielt laute Musik. Er fragt den Filipino: „Stört dich die Musik?"

Das war die falsch gestellte Frage. Wer es nicht gewohnt ist, seine eigenen Wünsche frei heraus zu äußern, wird sich zunächst nach seinen Begleitern umsehen, um herausbekommen, ob es nicht eine kollektive Meinung zu dem Thema gibt. Der Filipino aus der Heißklima-Kultur kann darüber hinaus nicht auf direktem Weg sagen, was er denkt, falls seine Antwort eine Zumutung für den anderen sein könnte. Und so antwortet dieser Mann erwartungsgemäß: „Nein, nein, überhaupt nicht."

„Bist du sicher?", fragt der Amerikaner nach.

„Klar. Ist schon in Ordnung." Das sagt der Filipino zwar, aber in Wirklichkeit kann er die Musik nicht ausstehen. Trotzdem ist es keine Lüge. Abgesehen davon, dass ihn seine Erziehung daran hindert, offen zu sagen, was er denkt, macht es ihm tatsächlich nichts aus, im Interesse anderer Unannehmlichkeiten hinzunehmen. Das ist das Normalste auf der Welt für ihn. Die Harmonie in der eigenen Gruppe ist das, wonach er strebt. Er ist nicht so erzogen worden, das eigene Wohlbefinden in den Vordergrund zu rücken, und so kommt er gar nicht auf den Gedanken, sich dafür einzusetzen.

Der Amerikaner ist dagegen zum Individualisten

erzogen worden, angehalten, die eigenen Interessen zu vertreten und sie auf Anfrage jedermann offen kundzutun.

Individualismus gegen Gruppenidentität

Merkhilfen zum Thema

Individualistische Kultur (Kaltklima)
- Ich bin eine eigenständige Persönlichkeit mit eigener Identität.
- Jeder Einzelne sollte eine eigene Meinung haben und für sich selber sprechen.
- Innerhalb der Gruppe die Initiative zu ergreifen ist gut und erwünscht.
- Man muss lernen, eigene Entscheidungen zu treffen.
- Mein Verhalten fällt auf mich selbst zurück, nicht auf die Gruppe, zu der ich gehöre.

Gruppenidentität (Heißklima)
- Ich gehöre dazu, also bin ich.
- Meine Identität ist an die Gruppe gebunden (Familie, Stamm usw.).
- Die Gruppe schützt und versorgt mich.
- Ob ich die Initiative in der Gruppe ergreife, hängt weitgehend von der Rolle ab, die ich darin spiele.
- Ich muss mich nicht fürchten, plötzlich allein dazustehen.
- Mein Verhalten fällt auf die ganze Gruppe zurück.
- Die Mitglieder eines Teams erwarten Weisung vom Leiter.

5. Ausgeschlossen – eingeschlossen

Zu den positiven Eigenschaften der Heißklima-Kulturen mit Gruppenidentität gehört, was man in der Soziologie *Inklusion* nennt. Jeder wird in alles mit einbezogen, was in seinem sozialen Umfeld geschieht – seien es Gespräche, die Mahlzeit, die Runde vor dem Fernseher oder Spiel und Sport. Sieht man zwei Personen sich unterhalten, geht niemand zunächst davon aus, dass es sich um ein privates Zwiegespräch handelt. Jeder darf sich ohne weiteres dazustellen.

In individualistischen Kulturen hat die Privatsphäre einen deutlich höheren Stellenwert. Man gesteht jedem erst einmal einen privaten Rückzugsraum zu, selbst wenn er sich in der Öffentlichkeit bewegt, ein Gespräch führt, an einem Esstisch sitzt oder still auf einer Bank im Park die Vögel füttert. Der sich nähernde Bekannte wird zunächst die Privatsphäre des anderen respektieren und jedem „Eindringen" eine Rückversicherung vorausschicken: „Störe ich?" – „Passt es gerade, dass wir uns mal darüber unterhalten?" Das wird als Zeichen des Respekts vor der anderen Person verstanden.

Die meisten Heißklima-Kulturen kennen diese stark ausgebildete Privatsphäre nicht. In Chile oder Ägypten kann ich mich überall ohne Nachfrage dazugesellen – sei es, um Pläne zu schmieden, die neuesten Nachrichten auszutauschen oder ein Essen zu teilen.

Meine Schwester besuchte mich einmal, als ich in Chile lebte. Sie ist fast immer gut gelaunt, und meine Freunde hatten sie schnell in ihr Herz geschlossen. Das einzige Problem war, dass ich sie dolmetschen musste, weil sie kein Spanisch sprach.

Eines Tages machten wir einen ausgedehnten Stadtbummel mit meinen Freunden, und meine Schwester kommentierte wortreich alles, was ihr auffiel und was sie bemerkenswert fand. Sie richtete ihre Worte eigentlich an mich, aber weil ich wusste, wie taktlos es wäre, in Gegenwart meiner Freunde ein unverständliches Zwiegespräch zu führen, dolmetsche ich jeden ihrer Kommentare. Sie freuten sich natürlich, weil sie mit einbezogen wurden.

Nach einigen Stunden war ich völlig erschöpft und bat meine Schwester, sich mit Kommentaren ein wenig zurückzuhalten. Es sei zu ermüdend, das alles zu übersetzen. Eine Weile hielt sie sich daran, aber es fiel ihr schwer angesichts all der neuen Eindrücke. Sie gehört nämlich zu den Menschen, die das Herz auf der Zunge tragen. Schließlich wandte ich mich an meine Freunde: „Würde es euch etwas ausmachen, wenn ich nicht jeden Satz von ihr übersetze? Das ist ganz schön anstrengend." Sie lachten und bekundeten mir ihr Mitgefühl. So hatten wir einen glücklichen Kompromiss gefunden.

Unter „Südländern" geht man immer zuerst davon aus, dass man grundsätzlich eingeladen ist. So gehört es sich zum Beispiel nicht, in Gegenwart von jemand, den man aus irgendeinem Grund nicht dabeihaben will, von einem geplanten Kinobesuch zu sprechen. Der, der davon hört, würde sich automatisch eingeladen fühlen, und er wäre schockiert, wenn ihm dies nicht erlaubt wäre. Privatsphäre – das ist ein Fremdwort in diesen Ländern. Es bedeutet, dass die einen die anderen ausstoßen.

Ich wurde in Chile von einem Freund zum Essen eingeladen, der aus Nordamerika stammte. Ein ganzes Jahr lang hatten wir uns nicht gesehen, und so planten wir, zu plaudern, darüber auszutauschen, was aus wem geworden war, und uns gegenseitig Fotos zu zeigen. Ich jedenfalls freute mich auf einen Abend mit sehr privaten Gesprächen.

Während wir noch aßen, klopfte es an der Tür, sie ging auf und ein Mann trat ein. Er nahm sich wie selbstverständlich einen Stuhl und setzte sich zu uns an den Tisch. Wir beide vergaßen unser angefangenes Gespräch und plauderten mit dem Mann über den jüngsten Dorfklatsch. Bald darauf gesellte sich ein weiterer Besucher zu uns, und wieder wechselte das Gesprächsthema. Die beiden blieben bis nach Mitternacht, und wir alle hatten viel Spaß zusammen. Nur unser privates Zwiegespräch fiel aus.

Was mich wunderte, war, dass meinem amerikanischen Freund das Eindringen der beiden Besucher nichts ausmachte. Er hatte schon so lange in Chile gelebt, dass er unsere Verabredung gar nicht erst als Privatsache empfunden hatte.

Auch Essen ist etwas, was man grundsätzlich teilt. Niemand würde vor anderen ein Sandwich auspacken, ohne davon etwas anzubieten. Ich habe mir sagen lassen, dass es in Japan ein Sprichwort gibt: „Selbst wenn du nur eine Erbse hast, so teilst du sie so oft, wie Menschen im Raum sind." In Ländern mit dieser inklusiven Kultur kommt niemand auf den Gedanken, bang zu fragen: „Wird es denn für alle reichen? Müssen wir jemanden ausladen?" Auch die Maoris auf Neuseeland haben ein Sprichwort: „*Du* bringst deinen Korb mit und *ich* meinen, dann werden wir all satt kriegen!" Entscheidend ist, dass man teilt.

Vor einer Busreise in Thailand hatte ich für die vierstündige Fahrt ein großes Lunchpaket gepackt. Da ich mich in einer Heißklima-Kultur bewegte und wusste, wie es dort zuging, legte ich viele Dinge bei, die man gut teilen konnte – Kekse und Obst zum Beispiel. Gegen Mittag packten die zwei Europäer vor mir ihren Proviant aus und ließen es sich schmecken. Das duftete so appetitanregend, dass auch ich meine Sachen hervorholte.

Ich bot den beiden von meinen Weintrauben an, aber sie lehnten dankend ab. Sie hätten ja selber etwas mitgebracht. Auch von den Keksen wollten sie nichts haben. Darauf stand ich auf und reichte meine Weintrauben herum. Es waren Afrikaner, Südamerikaner und Asiaten im Bus. Wir alle waren auf der Rückreise von einem Kongress. Sie nahmen dankbar an und holten ihrerseits ihre Lunchpakete hervor, um davon anzubieten. Bald wanderten Tüten mit getrocknetem Fisch, Kartoffelchips, Sandwiches, Käse und vielem anderen hin und her. Und so wurde es zu einem kleinen Festessen für uns alle.

Die beiden Europäer ließen sich zwar ihren Proviant schmecken, aber etwas viel Wichtigeres entging ihnen völlig. Wichtiger als die Sättigung war das Gemeinschaftsgefühl in diesem Bus, von dem sich niemand ausgeschlossen fühlen musste. Diejenigen, die nichts beizutragen hatten, fielen nicht auf, weil sie Teil des Ganzen waren. Weil wir alles teilten, gab es unter uns keine Wohlhabenden und keine Habenichtse. Die Armut Einzelner wurde von der Gemeinschaft zugedeckt. Und das ist eine wertvolle Eigenschaft der Heißklima-Kulturen, in denen sich jeder mit einbezogen fühlen kann. Niemand bleibt einsam auf der Strecke.

Als ich noch in Amsterdam lebte, unterhielten wir uns oft im Kollegenkreis über die zunehmende Vereinsamung in den Städten. Jahrelang habe ich mit anderen darum gerungen, was wir gegen diese Isolation und den Beziehungsmangel der Menschen tun könnten.

Dann ging ich neun Monate nach Chile. Und am Ende dieser Zeit fiel mir auf, dass ich keinem einzigen einsamen Menschen begegnet war. Es war dort geradezu unmöglich, einsam zu sein. Ständig kam jemand vorbei und setzte sich an den Küchentisch, während man selber kochte. Wenn man dort Kontakt sucht, geht man einfach aus dem Haus und besucht jemanden. Wer keinen Kontakt will, muss sich regelrecht verstecken.

Meine Schwester liebt Menschen und fühlt sich in einer kontaktfreudigen Gesellschaft pudelwohl. Einmal sagte sie zu mir: „Es wird mir nie zu viel, mit Menschen zusammen zu sein. Du könntest sie gern bei mir stapeln – solange noch etwas Sauerstoff im Raum übrig bleibt."

Als jemand, der lange Zeit in Kaltklima-Kulturen gelebt hatte, fiel es mir zuerst schwer, meine Privatsphäre zu opfern. Ich wusste ja nie, wann jemand hereinschneien würde. Das war am Anfang ziemlich anstrengend, bis ich mich tatsächlich daran gewöhnte. Inzwischen ist mir diese Lebensart sehr vertraut geworden.

Bald nachdem ich nach Amsterdam zurückgekehrt war, hatte ich eines Abends Lust, etwas Schönes zu kochen, was ich gern tue, um mich zu entspannen. Zwischendurch telefonierte ich im Freundeskreis herum, um spontan zum Abendessen einzuladen. Aber ich bekam eine Absage nach der anderen. Niemand wollte kommen, und ich bekam Antworten wie: „Normalerweise komme ich ja gern, aber gerade heute habe ich es mir schon so gemütlich auf dem Sofa gemacht." Oder: „Hätte ich's nur früher gewusst! Aber ich lasse mir gerade Badewasser ein, und hinterher will ich nicht mehr so gerne raus. Wie wär's, wenn wir am Dienstagabend was zusammen machen?" Schön und gut, aber ich würde nicht am Dienstag allein sein, sondern jetzt. Weil sich aber keiner spontan auf den Weg machen wollte und keiner ohne Vorplanung auskam, konnte ich niemanden überreden. Da begriff ich: Das war einer der Gründe für Einsamkeit in unserer so durchorganisierten Stadt. Was wir eigentlich bräuchten, ist Spontaneität in den zwischenmenschlichen Beziehungen und eine weniger strukturierte Privatsphäre.

Aus Südamerika in die Vereinigten Staaten zurückgekehrt, vermisste ich meine Latinos sehr. Immer wieder fühlte ich mich einsam, und dann setzte ich mich einfach nur ins Café, um unter Menschen zu sein. Als ich wieder einmal dort saß, hörte ich plötzlich spanische Laute. Da ich die Mentalität der Leute kannte und wusste, dass man sie ohne weiteres ansprechen konnte, stand ich auf und ging zu ihnen. Ich begrüßte die Gäste in ihrer Muttersprache und erzählte, dass ich gerade aus Chile zurückgekehrt sei und es vermisse, spanische Laute zu hören. Wie ich erwartet hatte, rückte die Mutter, die auf einer Bank saß, ein Stück weiter und klopfte mit der flachen Hand auf den Sitz neben sich. Ich sollte mich also zu ihnen setzen. Ich holte meine Tasse Kaffee von meinem bisherigen Tisch und setzte mich zu den anderen, als würde ich zur Familie gehören.

Es war eine mexikanische Familie, die in den Vereinigten Staaten Urlaub machte. Er war Arzt und hatte sich schon seit Jahren auf diese Reise gefreut. Allerdings, so erzählte er, sei ich die erste Amerikanerin, die sie begrüßt hätte. Sie waren überrascht, wie zurückgezogen die Menschen hier seien. Sie beklagten sich nicht, doch es tat ihnen gut, dass ein

Einheimischer auf sie zukam, so, wie sie jeden Besucher bei sich willkommen geheißen hätten.

In vielen Heißklima-Kulturen sind selbst formelle Veranstaltungen immer auch gleichzeitig Familientreffen. Kinder sind immer dabei – mit Lärm und Geschrei. Amerikaner und Europäer fühlen sich dadurch oft erheblich gestört. Durch die Gänge tobende Kinder lenken doch sehr ab und mindern die Freude an dem, was vorgetragen wird.

Ich nahm einmal an einer Veranstaltung in Südamerika teil, bei der auch viele Mütter anwesend waren, weil es um ein sie betreffendes Thema ging. Selbstverständlich brachte jede ihre ganze Kinderschar mit, denn auf die Idee, seine Kinder zeitweilig einem Babysitter zu überlassen, war man noch nicht gekommen. So kam es, dass der Lärm überhand nahm und die Mütter schließlich nur noch damit beschäftigt waren, ihre Kinder einigermaßen in Schach zu halten.

Da das Thema andererseits so wichtig für diese Mütter war, bot ich schließlich an, die Kinder zu mir nach Hause zu nehmen und sie mit einem Video zu beschäftigen. Als die Mütter später vorbeikamen, um sie abzuholen, bedankten sie sich überschwänglich und drückten ihr Erstaunen darüber aus, wie viel sie plötzlich ohne die Störung von dem Vortrag mitbekommen hatten. Nach den Maßstäben meiner Kaltklima-Erziehung hatte der Zweck der Veranstaltung höhere Priorität als das momentane Wohlbefinden der Kinder. Für meine südamerikanischen Freunde aber war die Familie sogar bei einem bedeutenden Vortrag immer noch wichtiger als alles andere. Ich selber lernte es erst nach und nach, den Lärm auszublenden und dennoch der Veranstaltung zu folgen.

Gäste aus südlichen Kulturen, die Länder mit ausgeprägter Privatsphäre bereisen, begehen andererseits den Fehler, von vornherein damit zu rechnen, dass Kinder bei Einladungen mit eingeschlossen sind. Sie können sich gar nicht vorstellen, etwas ohne die Kinder zu unternehmen. Sollten Kinder – wie zum Beispiel bei Hochzeiten – tatsächlich mit eingeladen sein, wird aber von ihnen erwartet, dass sie artig bei den Eltern bleiben und sich gesittet benehmen.

Wer also im Norden eingeladen wird, sollte sich vorher erkundigen, ob er auch die Kinder mitbringen darf. Wie peinlich ist es, mit seinen vier Kindern aufzukreuzen, um festzustellen, dass die Tafel nur für die Erwachsenen gedeckt ist.

Besitz

In individualistischen Kulturen gehört Besitz in den Verantwortungsbereich des Einzelnen. Man verwaltet ihn und verfügt nach eigenem Gutdünken darüber. Bereits kleinere Kinder werden angehalten, auf das Fahrrad, die Spielsachen oder die anderen eigenen Sachen aufzupassen.

In den „inklusiven" Kulturen finden wir das genaue

Gegenteil. Fast alles gehört allen. „Wir haben eine Gitarre", sagt einer aus der Familie. „Wir haben einen Videorecorder", sagt die Mutter, obgleich er im Zimmer des Sohnes steht.

Auf Hawaii traf ein junger Mann aus China ein und bezog das ihm zugewiesene Zimmer im Studentenheim. Seine amerikanischen Kommilitonen hatten ihr Gepäck schon abgestellt und waren wieder gegangen. Als sie zurückkehrten, fanden sie ihre Koffer geöffnet, Kleidungsstücke lagen herum, und der Chinese probierte verschiedene an. Die beiden Amerikaner waren außer sich vor Entrüstung, dass es jemand gewagt hatte, derart in ihre Privatsphäre einzudringen, während der Chinese nicht wusste, wie ihm geschah. Seine erste Begegnung mit der amerikanischen Kultur war also ein Schock. Er selber kam aus einer Gesellschaft, in der, auch bedingt durch die kommunistische Vorgeschichte, alles geteilt wurde. Und so war er nicht darauf gefasst, wie Amerikaner mit ihrem Besitz umgingen.

Aus seiner Sicht hatte nicht jeder im Zimmer *sein* eigenes Shampoo. „*Wir* haben Shampoo im Zimmer", würde er vielmehr sagen. Nicht: „Du hast deinen Koffer mit Sachen und ich meinen", sondern: „Wir haben eine Menge Sachen zum Anziehen. Mal sehen, was wem steht."

In vielen Ländern der Heißklima-Kultur fährt man selten allein irgendwohin. Ob man mit dem Auto fährt oder sogar zu Fuß geht, fast immer stellt sich Begleitung ein. Würde man die Türen am Auto von innen verriegeln und allein einkaufen fahren, hieße das, andere vor den Kopf zu stoßen.

Aber das Ganze hat natürlich auch Vorteile. Fährt ein Auto in die Stadt, kann man fragen, ob noch Platz ist, und mitfahren. Ich beobachtete einmal, wie ein Mann ein amerikanisches Paar um Mitfahrgelegenheit bat und abgewiesen wurde. Sie meinten es nicht böse, sondern wollten einfach nur für sich sein, doch der Mann fühlte sich grundlos abgelehnt. Im Süden heißt es nie: „Ich fahre in die Stadt", sondern immer: „Wir müssen in die Stadt fahren."

Zwei Einträge in meinem Tagebuch illustrieren diesen Konflikt:

Jemen, 14.September 1999
Es ist recht schwierig, auf meiner Reise Muße zu finden, um in mein Tagebuch zu schreiben. Ich muss das Alleinsein meinem dicht gedrängten Terminplan geradezu abringen. Aber im Augenblick habe ich hauptsächlich Umgang mit Menschen aus dem westlichen Kulturkreis, die alle viel zu tun haben, und so versteht man durchaus mein Bedürfnis, mich ab und an zurückzuziehen. Ich bin separat untergebracht, und wenn keine Veranstaltungen sind, hat niemand etwas dagegen, wenn ich die Stille suche – und in mein Tagebuch schreibe. Von hier geht es nach Ostafrika, und dort werde ich es hauptsächlich mit Afrikanern zu tun haben, die sicher beleidigt wären, wenn ich mich so oft zurückzöge.

Uganda, Oktober 1999
Ich bin im wunderschönen Uganda. Man hat mir
mein Zimmer gezeigt. Es ist sehr schlicht möbliert:
ein Bett mit Moskitonetz. Am Fenster eine weite-
re Matratze mit Moskitonetz. Meine Gastgeberin
sagte: „Das ist Ihr Zimmer, aber keine Sorge, ich
habe jemanden gefunden, der mit bei Ihnen woh-
nen kann, damit Sie nicht so allein sein müssen."

Ich lächelte und bedankte mich für die Freundlich-
keit.

Ausgeschlossen – eingeschlossen

Merkhilfen zum Thema

Heißklima-Kulturen („inklusiv")
• Die Gruppe ist alles.
• Der Einzelne geht davon aus, dass er unausgesprochen mit eingeschlossen ist – in Gespräche, Mahlzeiten und andere Gruppenaktivitäten.
• Besitz wird geteilt und jeder benutzt es mit – Essen, Werkzeuge usw.
• Man wünscht sich nicht, in Ruhe gelassen zu werden.
• Es ist taktlos, Zwiegespräche in Gegenwart anderer zu halten oder Pläne zu schmieden, wenn Dritte zuhören, die nicht daran beteiligt werden sollen.

Kaltklima-Kultur („exklusiv")
• Menschen brauchen auch Zeit für sich allein.
• Man fragt um Erlaubnis, wenn man fremdes Eigentum benutzen oder sich in ein Gespräch einmischen möchte.
• Jeder achtet auf seinen persönlichen Besitz und schützt ihn.
• In Gemeinschaftseinrichtungen etikettiert man alles mit seinem Namen, was einem gehört und was andere nicht anrühren sollen.
• Es gilt nicht als unhöflich, sich zu einem Vieraugengespräch abzusondern oder einzelne Anwesende nicht mit einzubeziehen, wenn man Pläne schmiedet.

6. Gastfreundschaft hier und dort

In Heißklima-Kulturen werden über die Gastfreundschaft Beziehungen geknüpft. Man sagt: „Ich bewirte dich, und dann können wir zum Geschäftlichen kommen." Das muss nicht gleich die große Vertrautheit sein, aber es werden dennoch zwischenmenschliche Beziehungen gepflegt.

Gastfreundschaft, das hat viel mit Essen und Trinken zu tun, und sie spielt sich in südlichen Gefilden zumeist in den eigenen vier Wänden ab.[1] In den Vereinigten Staaten dagegen lädt man Geschäftspartner eher zum Essen in ein Restaurant ein, und man führt Gäste gern aus. Das aber würde man in Heißklima-Kulturen nicht als Gastlichkeit empfinden. Es reicht als Geste der Zuwendung nicht aus. Lädt man dagegen jemanden in sein Haus ein, bedeutet dies: „Ich will mit dir/Ihnen auf einer ganz persönlichen Ebene Kontakt aufnehmen."

Aber auch im Alltagsleben spielt Gastfreundschaft eine große Rolle, selbst wenn es häufig nur um die kleinen Gesten geht – die gereichte Tasse Kaffee oder die Einladung, am Familientisch Platz zu nehmen und mitzuessen. Und wenn man bei jemandem

---

[1] Eine Ausnahme in der Heißklima-Zone ist China, wo man Gäste eher zum Essengehen ausführt, als sie zu Hause zu bewirten. Das mag an den beengten Wohnverhältnissen liegen. Außerdem verlangt chinesisches Essen viel Vorbereitung, sodass man es vorzieht, auswärts zu speisen.

„vorbeigeht", erwartet man nicht die „Extrawurst" oder ein aufgeräumtes Haus. Zur Gastfreundschaft im Süden gehört Spontaneität. Man hat etwas zu essen, wenn jemand vorbeischaut und Hunger hat.

Als ich zum ersten Mal nach Chile fuhr, freute ich mich schon auf die sprichwörtliche Gastfreundschaft im Land und erwartete, in die Familien eingeladen zu werden. Doch der erste Monat verging, und es geschah nicht viel, obwohl es eine Kleinstadt war, in der sich die meisten Leute kannten. Ich war völlig frustriert. Tagsüber hatte ich viel Kontakt mit Menschen, das war nett. Aber ich hatte mir eigentlich vorgestellt, auch auf privater Ebene am Leben der anderen teilhaben zu können.

Als ich eines Tages meinem Mentor Ricardo mein Leid klagte, lachte er und sagte: „Sarah, die Leute sind schon ein bisschen vergrätzt, weil du dich nie blicken lässt. Du hockst abends zu Hause, als wolltest du von niemandem etwas wissen. Man spricht hier keine Einladungen aus. Du kommst einfach."

„Aber wie soll ich zu jemand gehen, den ich kaum kenne?", fragte ich.

„Man tut's hier eben. Nur bei ganz förmlichen Gelegenheiten gibt es Einladungen. Sonst ist man spontan."

„Und was ist, wenn die Leute zu tun haben und in Ruhe gelassen werden wollen? Wie weiß ich denn, dass ich genehm bin?"

„Sarah, du hast es immer noch nicht begriffen. Wenn du vorbeigehst, hältst du niemanden von der

Arbeit ab. Sie kochen einfach weiter, spielen mit den Kindern oder lassen sich nicht dabei stören, den Garten zu sprengen. Du fügst dich einfach in das ein, was gerade im Gange ist. Sie werden nicht alles stehen und liegen lassen, um mit dir im Wohnzimmer zu plaudern."

Und auf meine Frage, was denn sei, wenn nun wirklich einer mal allein sein wolle, antwortete Ricardo: „In unserer Kultur steht der Kontakt zu anderen Menschen immer an erster Stelle, und danach kommen erst die eigenen Befindlichkeiten. Für ein bisschen Zeit allein würden wir niemals unsere Gastfreundschaft vernachlässigen."

Darauf machte ich die Erfahrung, dass er Recht gehabt hatte. Bald ging ich einfach bei Leuten vorbei – und sie freuten sich riesig.

Gastfreundschaft auf Reisen

Da Gastfreundschaft in der Heißklima-Zone weitgehend spontan ist, kommt niemand auf den Gedanken, bei unverhofftem Besuch zu sagen: „Ach, darauf sind wir jetzt gar nicht eingerichtet, aber wir haben eine nette Pension ganz in der Nähe." Lässt sich jemand unerwartet blicken, so weiß er ja, dass man nicht mit ihm rechnet, und er nimmt alle Unzulänglichkeiten in Kauf. Eine Matratze auf dem Fußboden reicht denen vollkommen aus, die unangemeldet bei jemand an der Tür klingeln. Viel wichtiger ist dem oder der Betreffenden, bei Menschen unterzukommen, die sie kennen und denen sie vertrauen können.

In den Heißklima-Kulturen heißt Gastfreundschaft die umfassende Bewirtung eines Gastes. Der Gastgeber übernimmt wie selbstverständlich die Verantwortung dafür, dass sich der Besucher rundum wohl fühlt. Es wird beherbergt, reichlich zu essen aufgetischt und für Zerstreuung gesorgt. Wer unter dem Dach eines anderen nächtigt, dem soll es an nichts fehlen.

Diese Grundeinstellung kann zu peinlichen Missverständnissen führen, wenn ein „Südländer" Nordamerika oder Nordeuropa besucht. In einer individualistischen Gesellschaft tendieren wir eher dazu, auch dem Gast die Verantwortung für seine Belange zu überlassen. Man mutet dem nicht eingeladenen Besucher unter Umständen auch zu, für seine Unterkunft selber zu sorgen.

Zu den schockierenden Erlebnissen eines Gastes aus dem Süden gehört wohl, unerwartet gezwungen zu sein, für den eigenen Lebensunterhalt finanziell aufzukommen. Das fängt schon am Flughafen an, wo er für den Gepäckhandwagen bezahlen muss. (In vielen südlichen Ländern gibt es diese Wagen umsonst, oder es stehen Gepäckträger bereit, die man nach Vermögen entlohnen kann.) Für das Flugticket hat man das Geld zusammenbekommen, weil auch Verwandte und Freunde Beiträge geleistet haben. Und sobald die Leute im Flugzeug sitzen, glauben sie, von nun an umsorgter Gast zu sein. Das kostenlose Essen während des Fluges unterstützt diese Vermutung zunächst. Doch ihre Gastgeber in Nordamerika oder Nordeuropa kommen gar nicht auf die Idee, sich als allumfassende Versorger ihrer Gäste zu sehen.

Bei einem Ausflug zum Strand gehen die Gäste wie selbstverständlich davon aus, dass ihr Gastgeber jedes kalte Getränk bezahlt. Doch im Norden erwartet man, dass Gäste ihre Sonderwünsche aus eigener Tasche bezahlen. Was für eine peinliche Situation, wenn der Gastgeber sein Getränk bezahlt und weggeht, während der Verkäufer die Hand aufhält, um den Rest zu kassieren! Die Gäste aber haben womöglich gar kein Geld dabei.

Sagt einer in der Heißklima-Zone: „Kommt, lasst uns schnell einen Hamburger essen", so lautet die unausgesprochene Ergänzung: „... und ihr seid natürlich eingeladen." Im Norden gilt dieses Angebot keineswegs automatisch. Wäre dies dem Gast aus dem Süden bewusst gewesen, so hätte er sich auf den Vorschlag zum Essengehen gar nicht erst eingelassen – womöglich aus purem Geldmangel. Wer also in ein Land der Kaltklima-Zone reist, sollte sich in jedem Fall eine Geldreserve für eventuelle Unkosten einstecken, denn damit erspart er sich so manch peinliche Situation. Wer mag schon gern dem konsternierten Gastgeber beichten, man habe kein Geld in der Tasche! Und wir aus dem nördlichen Kulturraum sollten uns angewöhnen, stets eine

Geldreserve dabeizuhaben, wenn wir Gäste aus einer Heißklima-Kultur erwarten.

Das sind einfache Regeln, die aber dafür sorgen, dass wir in einer immer kleiner werdenden Welt reibungsloser miteinander auskommen.

Gastfreundschaft hier und dort

Merkhilfen zum Thema

Heißklima-Kultur
- Gastfreundschaft ist spontan. Einladungen gelten unausgesprochen.
- Im Zentrum steht die Gemeinschaft (selbst bei geschäftlichen Begegnungen).
- Um Gastfreundschaft zu pflegen, werden die eigenen vier Wände bevorzugt.
- Der Gastgeber kümmert sich um alle Bedürfnisse des Gastes. Der Gast muss für nichts finanziell aufkommen.
- Gastgeschenke werden erwartet.
- Für Essen und Trinken wird auch auswärts bezahlt.
- Wer auf der Durchreise ist, wird hereingebeten und bewirtet.

Kaltklima-Kultur
- Gastlichkeit wird sehr ernst genommen und deshalb gründlich geplant.
- Spontane Besuche sind normalerweise nicht üblich. Der Gastgeber braucht Zeit zum Vorbereiten.
- Für alles, was bei der Einladung nicht ausdrücklich abgesprochen ist, muss der Gast selber sorgen.
- Der Gast muss für Anfahrt und Rückreise selber sorgen und finanziell aufkommen. Das gilt auch für spontan entschiedene Restaurantbesuche – es

sei denn, der Gastgeber bekundet ausdrücklich, seine Gäste einzuladen.

- Besuch wird nicht als Alltäglichkeit empfunden, und so wendet sich der Gastgeber seinen Gästen mit besonderer Aufmerksamkeit zu.

7. Konventionen – mehr oder weniger

Auch anhand eines weiteren Gegensatzpaares lassen sich die Kulturen unterscheiden. Es gibt Gesellschaften mit vielen traditionellen Normen und eher unkonventionelle Gesellschaften. Eine auf zahlreichen Konventionen beruhende Gesellschaft besteht meistens schon sehr lange. Die Schweiz gibt es zum Beispiel bereits seit 800 Jahren, und sie hatte so Zeit, Tradition auf Tradition zu entwickeln. Es bildeten sich Verhaltensregeln heraus, die jeder zu kennen scheint – außer dem Fremden.

Alles in der Schweiz ist irgendwie geregelt – wie hoch man Hecken wachsen lassen darf und wie man die Mülltonnen an den Straßenrand stellt. Das Mitbringsel als Dank für die Einladung ist feste Tradition, und für den Einkaufsbummel am Samstagvormittag gibt es eine gewisse Kleiderordnung.

Touristen sind meist schnell auszumachen in helvetischen Städten. Die Frau mittleren Alters in Turnschuhen beim Stadtbummel in Lausanne ist ganz gewiss keine Einheimische.

In konventionellen Kulturen ist alles irgendwie geregelt. Allem wird Bedeutung zugeschrieben. Für alles gibt es eine Art Protokoll – einen festgelegten Ablauf –, sei es bei Tisch, bei gesellschaftlichen Anlässen, bei Hochzeiten oder im Geschäftsleben. Was einem auch gerade einfällt, es gibt eine Regel oder Tradition dafür. Das Kleinste hat Bedeutung.

Ein Merkmal dieser konventionellen Gesellschaften ist das Fehlen von fremden Einflüssen. Es fand also wenig Austausch mit anderen Kulturen statt.

Wie anders sieht es da in New York aus. Die Einwandererfamilie aus Italien mag dort ihre Sitten und Gebräuche in den eigenen vier Wänden noch pflegen, aber sobald sie das Haus verlassen, tauchen sie in die bunte Vielfalt unterschiedlichster Kulturen ein.

In islamischen Ländern ist das Kopftuch für Frauen weit verbreitet. Es wird erwartet, dass sie in der Öffentlichkeit ihren Kopf bedecken. Zieht eine arabische Familie nach New York, gehen die Kinder mit irischen, italienischen und afrikanischen Schülern in eine Klasse, und kein anderes Mädchen trägt dort ein Kopftuch. Bald werden die Töchter ihre Eltern beknien, es draußen weglassen zu dürfen und nur noch zu tragen, wenn man unter seinesgleichen ist. Sie möchten in dem Kulturmix zwar mit ihrer Identität überleben, aber auch nicht zu sehr auffallen. Es gibt allerdings auch ethnische Minderheiten, die sich in großen Städten abgesondert haben, sodass sie in bestimmten Vierteln wie in einem Schutzraum ihren herkömmlichen Lebensstil pflegen können.

Unkonventionelle Kulturen haben meist eine nur kurze Geschichte und sind Produkt unterschiedlichster Einflüsse. Australien und die Vereinigten Staaten sind als Gesellschaften kaum 250 Jahre alt und integrieren noch immer Zuwanderer aus allen Teilen der Welt. Die weiße Bevölkerung hat nicht lange Zeit gehabt, sich dort als monokulturelle Gesellschaft zu etablieren, sodass sie immer relativ konventionslos geblieben ist. Die Ureinwohner dagegen – die Aborigines, die Indianer und die Maoris Neuseelands – leben viel strikter an Konventionen gebunden. Diese Volksgruppen existieren schon seit ewigen Zeiten als eigenständige Kultur.

Die südkalifornische Kultur ist ein Beispiel für eine unkonventionelle Lebensweise. Sie besteht als gesellschaftliche Einheit noch nicht lange und hat sich erst im späten 19. Jahrhundert herausgebildet. In Kalifornien geht alles, und nichts wird allzu ernst genommen. Niemand schaut darauf, was ein anderer zum Kirchgang anzieht, und es gibt wenige gesellschaftliche Konventionen, die eingehalten werden sollten. Man fühlt sich frei – um seine Kreativität auszuleben, neue Trends zu setzen und einfach „anders" zu sein. So mancher, der in einer konventionelleren Umgebung nicht mehr wusste, wie es weitergehen soll, hat hier einen Neustart hinbekommen. Ehen zwischen Farbigen und Weißen, die in vielen Gegenden der USA noch immer naserümpfend hingenommen werden, erregen in Los Angeles keinerlei Aufsehen.

Und eingefleischte Kalifornier können sich nicht vorstellen, eine Hochzeit wie „drüben im Osten" bis ins Detail nach bestimmten Traditionen zu planen. Durch den nicht enden wollenden Zustrom von Menschen aus unterschiedlichsten Kulturen wird Kalifornien immer der Schmelztiegel bleiben, in dem keiner dem anderen vorschreibt, was richtig oder falsch ist. Alles wird locker gesehen in Kalifornien – wie man spricht, sich kleidet oder benimmt, und so fallen Besucher aus dieser Gegend besonders auf, wenn sie in konservative Länder reisen – wozu auch die Schweiz zählt (und das afrikanische Dorf).

Auch Israel als Staat ist eine junge Gesellschaft – knapp sechzig Jahre alt. Die Menschen dort sind ausgesprochen leger. Angehörige der Regierung kommen ohne Schlips und womöglich in Shorts ins Büro. Selbst beim Militär geht es zwanglos zu. Vorgesetzte und Untergebene reden sich häufig mit dem Vornamen an.

Das hat einen einfachen Grund: Juden aus den unterschiedlichsten Ländern haben sich vermischt, und keine dieser Kulturen hat Zeit gehabt, ihre Traditionen den anderen aufzudrücken. Nur hier und dort haben sich gesellschaftliche Nischen gebildet, in denen Gruppen überleben, die an ihren überlieferten Konventionen festhalten. Das sind zum Beispiel jemenitische, deutsche oder orthodoxe Gemeinschaften, die nach alten Traditionen und Regeln leben.

Vor allem die arabische Bevölkerung innerhalb des israelischen Staates ist deutlich verwurzelter. Traditionen, Verhaltensregeln und Ausdrucksformen der Ehrerbietung zeigen, dass Überliefertes respektiert wird. Besucht man eine arabische Familie und bleibt zum Essen, so ist eine bestimmte Etikette einzuhalten. Es wird zum Beispiel angemessene Bekleidung erwartet. Damit ehrt man den Gastgeber. Ein Geschenk ist unerlässlich, auch dass man sich einer gewählteren Sprache bedient. Der Gast muss ein Gespür dafür entwickeln, wann es Zeit ist, sich zu verabschieden. Dafür gibt es bestimmte Anzeichen, die jeder kennen sollte. So bedeutet zum Beispiel der gereichte Kaffee, dass es angezeigt ist, langsam an den Aufbruch zu denken. Andererseits könnte es als unhöflich empfunden werden, vor dem Kaffee das Haus oder Zelt zu verlassen. Man sollte sich also im Voraus sachkundig machen, welche Sitten und Gebräuche am Zielort üblich sind. Und da stellt sich unwillkürlich die Frage, ob Frieden in Nahost überhaupt vorstellbar ist ohne die gegenseitige Kenntnis all dieser Unterschiede im Denken und Handeln.

Korea existiert seit etwa 5000 Jahren. Was für eine alte Kultur also! Bedenken Sie, wie viel Zeit das ist, um Traditionen in großer Zahl zu entwickeln. Von klein auf wird ein koreanisches Kind damit traktiert, was angemessen und korrekt ist und was nicht und was die anderen von ihm erwarten. Die Autorität des Einzelnen wächst mit Alter und Position. Und zum Namen gehören untrennbar die Titel – Herr Lehrer, mein Herr, meine Dame, Herr Offizier. Selbst der Vorname wird nicht ohne Titel gebraucht. Benimmregeln beherrschen also das ganze Leben.

Reist ein Koreaner ins Ausland, so geht er davon aus, dass sein Verhaltenskodex überall gilt. Trifft er dann aber auf die Zwanglosigkeit im Westen, empfindet er diese als Respektlosigkeit ihm gegenüber. So sollte einmal ein Koreaner in einem internationalen Team mitarbeiten, in dem die meisten aus westlichen Ländern kamen. Wie schockiert war er zu Anfang, als er mitbekam, dass man sich ohne Titel beim Vornamen anredete. Selbst die Kinder taten es mit Erwachsenen und Untergebene mit Vorgesetzten. Mein Freund aus Korea empfand das als grobe Taktlosigkeit und bestand auf dem „Mr".

Obgleich er wenig Verständnis für seine Sturheit erntete, hielten sich die anderen im Team daran. Als er dann aber auch noch verlangte, von jedem, der den Raum betrat, persönlich begrüßt zu werden, strapazierte er die Geduld der anderen zu sehr. Anstatt nun aber über die unterschiedlichen Traditionen ins Gespräch zu kommen, zog sich jeder in seinen Schmollwinkel zurück, und eine unsichtbare Mauer wurde errichtet.

Als es wieder einmal zu Reibereien kam, platzte dem Koreaner der Kragen, und er listete penibel all die Beleidigungen auf, die ihm über zwei Jahre zugefügt worden waren. Er war unvorbereitet ins Land gekommen und hatte nicht damit gerechnet, mit völlig anderen Traditionen konfrontiert zu werden. Er wollte nicht einsehen, dass die Konventionen, die er selber verinnerlicht hatte, nicht allgemein gültig waren. Am Ende verließ er das Team und schloss sich einer rein koreanischen Arbeitsgruppe an.

Später lernte ich eine Frau kennen, die ebenfalls aus Korea kam. Sie war darauf vorbereitet, dass es schwierig werden würde, und die ersten Jahre waren es dann auch. Dennoch lernte sie, sich der jeweiligen Umgebung anzupassen. War sie mit Landsleuten zusammen, verhielt sie sich wie gewohnt, und traf sie mit uns „Westlern" zusammen, bemühte sie sich, sich einzufügen. Durch diese Flexibilität diente sie als Vermittlerin zwischen den Koreanern und uns anderen. Sie wurde nicht wie wir, aber sie verstand es bald, mit uns gut auszukommen.

Beziehungen sind alles

In traditionellen Gesellschaften ist der gute Name oft entscheidender als die Höhe des Bankkontos. Es zählt noch der Stammbaum. Dies musste ich lernen, als ich in die Heimatstadt meiner Großeltern in den Südstaaten zog. Ich war dort zwar nicht persönlich bekannt, aber ich wusste, dass die Menschen im Süden eigentlich freundliche Menschen sind, und so rechnete ich damit, mit offenen Armen empfangen zu werden. Ich ging zu einer Bank, um ein Konto zu eröffnen, und bemerkte, dass der gute Mann zaudernd an seinem Bleistift kaute. Weil ich im Ausland aufgewachsen war, hatte ich nicht den typischen Akzent der Südstaatler. Er hielt mich wohl für eine

„Floridianerin". Wegen der steigenden Kriminalitäts-rate in den Städten Floridas kauften die Menschen von dort Land auf, um sich in unserer Gegend an-zusiedeln. Und bald waren, wie ich hörte, alle Frem-den, die sich in der Gegend niederlassen wollten, „Floridianer", ganz egal, ob sie aus New York oder China kamen.

Widerstrebend erkundigte sich der Angestellte nach meiner Adresse.

Und ich antwortete: „Sie kennen doch das Anwe-sen von Homer Cook, nicht wahr?"

„Selbstverständlich", antwortete er.

„Nun, das war mein Großvater. Ich wohne dort in einem der Häuser."

„Was denn, Sie sind Homer und Anette Cooks Enkelin?", fragte er nach, indem er sich aufrichtete. „Es gab keine angeseheneren Leute in der Gegend hier als Ihre Großeltern. Ihr Großvater hat ein anti-kes Büfett restauriert, das meinen Großeltern ge-hörte. Es war noch in Arbeit, als meine Großeltern kurz hintereinander starben. Ich wusste gar nichts davon, aber er hat es mir trotzdem gebracht, ob-wohl er es einfach hätte behalten können. Es ist ein wunderbares Erinnerungsstück. Ein feiner Mensch, Ihr Großvater. Selbstverständlich werden wir uns um Ihre Finanzen kümmern!"

Ich war immer noch dieselbe, aber plötzlich war bekannt, dass ich in der Gegend verwurzelt war, und das hieß, akzeptiert zu werden.

Wer als Fremder in konventionellen Gesellschaften Fuß fassen will, in denen die Verwurzelung ein wichtiger Vertrauensbonus ist, der hat es schwer und bleibt manchmal für Jahrzehnte ein Außenseiter, sofern er nicht irgendeinen Zugang findet.

Manche bemühen sich redlich, um heimisch zu werden. Sie gehen auf die Menschen zu und versuchen, ins Gespräch zu kommen, wo immer sie ihnen begegnen, aber die Resonanz bleibt spärlich. Die Einheimischen sind oft gar nicht aus Böswilligkeit abweisend. Sie wissen einfach nicht, wie sie den Fremden in das lange bestehende Gefüge von festen Beziehungen integrieren sollen. Sollte es ihm oder ihr allerdings gelingen, Kontakte zu den Respektspersonen einer Dorfgemeinschaft zu knüpfen, so sieht die Sache gleich ganz anders aus. Wenn Sie von Autoritäten akzeptiert werden, so wagen auch andere, vorsichtig die Fühler nach Ihnen auszustrecken.

Ich habe Freunde aus Europa, die es richtig gemacht haben. Sie zogen in eine Stadt im Mittleren Osten. Zuerst lernten sie Arabisch, und dann setzten sie alles daran, bei einer Familie unterzukommen. Sie gingen von Haus zu Haus und fragten, ob jemand Räume zu vermieten hätte. Und bald fanden sie eine Bleibe bei einer Familie, die, wie sich bald herausstellte, zu den ältesten in der Stadt zählte. Über Generationen stellten Angehörige der Sippe die Bürgermeister, und dadurch, dass meine Freunde dort wohnten, färbte das Ansehen ihrer Vermieter auf sie ab. Da sie mit ihnen unter einem Dach wohnten, durften sie auch ihren Namen tragen, und so manche Tür stand ihnen weit offen.

Innerhalb weniger Wochen waren meine Freunde in der arabischen Gesellschaft so integriert wie manch anderer nach Jahren nicht. Ihr Rezept war, so schnell wie möglich im Wurzelwerk einer Gesellschaft Fuß zu fassen.

Kleiderordnung

In konventionellen Gesellschaften, in denen fast alles seine Bedeutung hat, besitzt auch die Kleiderordnung einen hohen Stellenwert. Selbst in ärmeren Gegenden ziehen sich die Menschen die besten Sachen an, wenn sie eine Veranstaltung besuchen oder einer Einladung nachkommen. Es würde sogar als ungehörig empfunden werden, zu solchen Anlässen in Turnschuhen, Leinenrock und ungebügeltem T-Shirt zu erscheinen. Wer so in einer konservativen Gesellschaft auftritt, der sagt: „Ich respektiere euren Verhaltenskodex nicht, und ich zeige euch, dass ich mir daraus nichts mache. Es ist mir egal, ob ich passend gekleidet bin."

Gerade Amerikaner neigen dazu, auf diese Weise ins Fettnäpfchen zu treten. Es scheint zu ihrem anerzogenen Denkschema zu passen, dass bequeme Kleidung wichtiger ist, als angepasst gekleidet zu sein. Diese Tendenz hat sich vor allem seit den sechziger Jahren des vorigen Jahrhunderts verstärkt. Ich erin-

nere mich an meine Großmutter, die in einer Kleinstadt wohnte, wo es noch viele feste Verhaltensregeln
gab. Sie zog sich jedes Mal um, wenn sie in die Stadt
ging, auch wenn sie ihr Weg nur zur Post oder zur
Bank führte. Dann zog sie ein nettes Kleid an, legte
Rouge auf und malte sich die Lippen an. Der Hut
durfte nicht fehlen und das Täschchen auch nicht.
Wenn ich mit meiner Gartenhose mitwollte, schick-
te sie mich zum Umziehen ins Haus, und auch das
Haar musste gekämmt sein. Es war eben wichtig,
wie man sich zeigte.

Ich weiß auch noch, wie es üblich war, sich für
eine Flugreise besonders fein zu machen. Die
Männer bestiegen ein Flugzeug nur mit Schlips und
Kragen, und Frauen trugen Kostüm oder Kleid. Auf
Bequemlichkeit achtete damals niemand.

Heute fliegt man fast nur noch mit Freizeitklei-
dung, es sei denn, man hat gleich danach einen
Geschäftstermin. Auffällig sind aber noch immer
die Unterschiede zwischen den Passagieren. Ich denke, die förmlich Gekleideten sind aus Ländern mit
langer Tradition und vielen Konventionen. Die leger gekleideten Passagiere kommen dagegen eher aus
Israel, Australien, den Vereinigten Staaten und anderen Ländern mit kaum verwurzelten Traditionen.

Die jüngere Generation hält sich allerdings länder-
übergreifend viel weniger an bestehende Konventionen. In den meisten Ländern bilden sie den un-
konventionellen Flügel der Gesellschaft. Sie testen
Grenzen aus, betonen ihre Individualität und sind

eher bereit, den Idolen anderer Kulturen nachzuei-
fern. Sie sind offener für Wandel und neue Ideen,
weil sie neugierig sind und wissen wollen, was außer-
halb der Kultur los ist, in der sie verwurzelt sind.
Allerdings kehren sie von ihren Ausflügen zu eben
jenen Wurzeln schnell wieder zurück, sobald sie hei-
raten und eine Familie gründen.

Wenn man sich also als Fremder in eine konventi-
onelle Gesellschaft begibt, sollte man gleich zu Beginn darauf achten, wie sich die Menschen kleiden.
Lieber sich im steifen Kleid unwohl fühlen, als mit
zu viel Lässigkeit ausgerechnet den Menschen den
Respekt verweigern, zu denen man eigentlich gute
Beziehungen anstrebt. Also im Zweifel für das kleine Schwarze!

Autoritätsdistanz

Viele Traditionsgesellschaften haben eine hohe
Autoritätsdistanz. Sie werden sich fragen, was das
ist. Nun, je größer die Autoritätsdistanz, desto fremder sind sich zum Beispiel Vorgesetzte und Untergebene auf der persönlichen Ebene – Lehrer und
Schüler, Offizier und Soldat, Chef und Angestellte
oder auch Eltern und Kinder. Je traditionsbewuss-
ter eine Gesellschaft ist, desto größer ist meist die
Distanz zwischen Autoritäten und „denen da unten".
Titel sind wichtig, und es wird Ehrerbietung erwartet.

Dies gilt für alle Länder mit langer Tradition, nicht aber für die jungen Gesellschaften (Kalifornien oder Israel zum Beispiel). Dort ist die Autoritätsdistanz klein. Lehrer werden mit dem Vornamen angesprochen, und Angestellte dürfen es wagen, ihren Vorgesetzten zu widersprechen. Das kommt so gut wie gar nicht in Ländern mit großer Autoritätsdistanz vor (in Asien, aber auch in Südafrika. Dort gilt Respekt vor Autoritäten noch als höchstes Gut.).

Der zwanglose Umgangston zwischen Professoren und Studenten in Kalifornien wäre in China undenkbar. Aus Korea höre ich, dass vor allem die ältere Generation noch an überkommenen Autoritätsstrukturen festhält, aber auch die Jungen wissen, wie sie sich in Gegenwart von Respektspersonen verhalten müssen.

In der Arbeitswelt sind die Unterschiede zwischen den Kulturen beträchtlich. Ein Australier wird kaum Hemmungen haben, seinem Vorgesetzten oder Teamleiter einen Gegenvorschlag zu machen, weil in seinem Land die Autoritätsdifferenz klein ist. Er fühlt sich frei, seine Meinung zu äußern, weil man Gedanken grundsätzlich als ebenbürtig empfindet. Jemand aus einer Traditionskultur wäre fassungslos, bekäme er solch eine Ungebührlichkeit mit.

Meine Cousine lebte ein Jahr in Thailand. Sie gab einem jungen Mann Nachhilfe in Englisch und bemerkte dabei, dass dem Lehrer des jungen Mannes gravierende Fehler unterlaufen waren. Darauf meinte sie, dass man es ihm unbedingt sagen müsse, doch dem thailändischen Schüler grauste es schon bei dem Gedanken, jemandem, der über ihm stand, einen Fehler nachzuweisen.

In Indien leitete ich einen Lehrgang mit internationaler Teilnehmerliste. Eines Tages bot ich einen freiwilligen Workshop am Abend an. Einige Teilnehmer hatten besonderes Interesse an einem Thema bekundet, und da es im normalen Lehrplan nicht berücksichtigt wurde, wollte ich es gesondert für die Interessierten anbieten.

Zu meiner großen Überraschung erschienen die Koreaner als geschlossene Gruppe zu der Veranstaltung. Einige langweilten sich offenkundig und waren todmüde, und trotzdem waren sie erschienen. Später wurde mir klar, dass sie nur gekommen waren, weil ich als Dozentin sie eingeladen hatte. Sie brachten es nicht über sich, mich, die Autoritätsperson, zu enttäuschen, indem sie nicht erschienen.

Um meinen Fehler nicht zu wiederholen, sagte ich bei der nächsten Einladung zu einer freiwilligen Veranstaltung: „Ich habe eine Bitte: Wenn Sie Zeit für die Familie brauchen oder noch arbeiten müssen, dann kommen Sie heute Abend zu dem Workshop *nicht*. Sofern das Thema nicht von besonderem Interesse für Sie ist, möchte ich, dass Sie die Zeit für andere wichtige Arbeiten nutzen. Es ist mir nicht recht, wenn Sie unnötig kommen."

Das wirkte. Sie lachten, weil sie meine Absicht durchschauten. Und am Abend erschienen nur fünf der Koreaner.

Unterschiede zwischen den Geschlechtern

In Gesellschaften mit großer Autoritätsdifferenz sind meist auch die Unterschiede zwischen den Geschlechtern erheblich. Als ich anfing, durch die Welt zu reisen, wurde mir klar, dass ich als Frau aus dem Westen niemals versuchen sollte, Frauen aus anderen Kulturen meine „Freiheiten" als das Maß aller Dinge zu verkaufen. Darüber hinaus lernte ich, mich nicht herabgewürdigt zu fühlen, wenn Männer aus anderen Kulturen mich nicht mit dem gewohnten Respekt als ebenbürtig betrachteten. In den Kulturen mit wenigen Konventionen empfindet es niemand als gesellschaftsgefährdend, wenn eine Frau tut, was sie will. In traditionelleren Kulturen können es sich die Frauen dagegen kaum leisten, aus ihrer traditionellen Rolle auszubrechen.

Als ich in Bolivien vor einem fast ausschließlich männlichen Publikum sprach, überbrachte ich gleich zu Anfang die Grüße meines Direktors, eines Europäers mit hohem Ansehen. Das rückte mich sogleich ins rechte Licht. Ich war in einen akzeptierten Kontext eingebunden. Man empfing mich wohlwollend, und ich denke, das hatte viel damit zu tun, dass ich nun als Untergebene eines männlichen Vorgesetzten wahrgenommen wurde. Ich war nicht mehr die Frau, die auf eigene Faust die Welt bereiste. Mit diesem Image hätte ich unnötig eine Barriere zwischen mir und meinen Zuhörern errichtet.

Ich bin gar nicht so selten allein unterwegs. Und

wenn ich in Gegenden komme, in denen den Frauen eine untergeordnete Rolle zugewiesen wird, betone ich immer ganz besonders meine starken Bindungen an die Familie, und die ist, davon gehen zumindest meine männlichen Zuhörer aus, von einem Patriarchen dominiert.

Als meine Großmutter noch lebte, war dies auch gar nicht so weit entfernt von der Wahrheit. Zwar sind die amerikanischen Kleinstädte trotz ihrer traditionellen Orientierung inzwischen durch die Einflüsse der Medien und den Reiseverkehr längst nicht mehr so patriarchalisch wie damals in den Fünfzigern. Meine Großmutter aber lebte noch in einer Welt mit herkömmlichem Rollenverständnis. Sie arbeitete gern zu Hause und war damit zufrieden, ihre Rolle als Ehefrau und Mutter auszufüllen, wusste sie doch, wie sehr sie gebraucht wurde. Die Autoritätsdistanz zwischen ihr und ihrem Mann war allerdings so groß, dass sie seinen Anweisungen bedingungslos und ohne Widerstreben gehorchte. Inzwischen löst sich auch die Gesellschaft in den Kleinstädten von überlieferten Konventionen, und die Rolle der Frau ist längst nicht mehr ans Haus gebunden. Dadurch aber schrumpft die Autoritätsdistanz zwischen Männern und Frauen.

Die Aufgabenteilung zwischen Mann und Frau in konventionellen Kulturen empfinden Frauen aus freieren Gesellschaften als Diskriminierung. Die Frau scheint dort weniger Wert zu haben, weil sie an den Herd verbannt worden ist. Aber wenn man als Frau diese Länder bereist, bringt es nicht viel, seine Entrüstung darüber zur Schau zu stellen. Im Gegenteil. Ich habe die Erfahrung gemacht, dass ich ungestörter meine Arbeit tun kann, wenn ich mich nicht aufrege und die Männer gewähren lasse, mich so zu sehen, wie es ihrer Tradition entspricht.

Ich bestehe nicht darauf, um jeden Preis eine Führungsrolle einzunehmen – selbst wenn ich im Hintergrund durchaus die Strippen ziehe und in Wahrheit die Leiterin eines Teams bin. Sitze ich in einem Restaurant mit einem jungen Mann, der von mir eingeladen ist, stecke ich ihm heimlich das Geld zu, um die Rechnung zu bezahlen, damit er nicht unnötig in eine peinliche Lage gerät. Und bei wichtigen Verhandlungen nehme ich einen männlichen Begleiter mit, um meinem Gesprächspartner die Peinlichkeit zu ersparen, direkt mit einer Frau verhandelt zu haben.

Wenn ich das woanders im Mitarbeiterkreis erzähle, so ernte ich immer wieder abfällige Bemerkungen. Das sei Duckmäusertum. Aber da bin ich ganz anderer Meinung. Entscheidend ist doch, was ich erreichen will, wenn ich dort bin. Ich reise ja nicht in diese Länder, um mit den Männern über ihre Sicht der Frauen zu diskutieren. Nein, ich habe irgendein anderes Anliegen, und dabei möchte ich so reibungslos wie möglich mit den Einheimischen zusammenarbeiten.

Wenn wir als Frauen genau wissen, was wir in Wahrheit wert sind, kann es uns doch eigentlich keine Überwindung kosten, die Traditionen der jeweiligen Gesellschaft zu respektieren. Diese Menschen sind in einen bestimmten Verhaltenskodex hineingeboren, und ich habe kein Recht, ihnen meine Weltanschauung aufzudrängen, wie lieb sie mir auch geworden sein mag.

Begrüßungen

Man kann gar nicht genug betonen, wie wichtig in konventionellen Gesellschaften Begrüßungstraditionen sind. Weil fast allem dort Bedeutung zugemessen wird, sagt die Form der Begrüßung etwas über die Person aus und bestimmt sozusagen durch den ersten Eindruck, wie man gesellschaftlich steht. Macht man hier gleich Fehler, hat man oft schon sein Ansehen eingebüßt. Es geht nicht darum, eine perfekte Vorstellung zu liefern und die Einheimischen gekonnt zu imitieren, sondern seinem Gegenüber glaubwürdig Respekt zu erweisen, indem man sich höflich und freundlich benimmt.

Ein Holländer zum Beispiel mag es nicht, wenn man ihm allzu vertraulich kommt und ihn umarmt. Ein fester Händedruck genügt.

Die Schweizer küssen gern links und rechts von der Wange (niemals darauf!). Das hört sich sehr vertraulich an, kann aber förmlicher sein als ein kräftiger Handschlag.

Arabische Männer begrüßen einander ungewöhnlich überschwänglich und mit einem Schwall von Liebenswürdigkeiten.

Der Koreaner lächelt zurückhaltend, bleibt in respektvoller Entfernung stehen und verbeugt sich steif (nur angedeutet bei vertrauten oder gleichgestellten Personen und tiefer, um Alter und Status Respekt zu erweisen).

Angehörige der weniger traditionsbewussten Gesellschaften verkennen oft die Bedeutung von Begrüßungsgesten. Vor allem die jungen Leute neigen dazu. Sie befinden sich ohnehin gerade in einer Phase des gesellschaftlichen Protestes, und so nuscheln sie ihren Namen und sehen den zu Begrüßenden nicht an, oder sie vergessen es ganz, sich vorzustellen. Sie betreten den Raum und lassen den Gastgeber links liegen. Nimmt man Jugendliche zu Veranstaltungen mit, wo sie mit Menschen anderer Kulturen zusammentreffen könnten, ist es ratsam, das Thema vorher anzusprechen oder vielleicht sogar ein wenig zu üben.

Wer zu Hause keine gute Kinderstube gehabt hat, wird grundsätzlich Probleme haben, wenn ein gewisses Maß an Umgangsformen erwartet wird.

Aber in den meisten traditionellen Gesellschaften werden kleinere oder größere Abweichungen vom Gewohnten durchaus übersehen und verziehen, sofern der Fremde Respekt und Ernsthaftigkeit erkennen lässt. Für die schnelllebigen Amerikaner und Australier mag das bedeuten, ein wenig langsamer zu tun und sich Zeit zu lassen für ein bisschen mehr Form und Etikette.

Konventionen – mehr oder weniger

Merkhilfen zum Thema

Gesellschaften mit traditionellen Normen (alles bedeutet etwas)
- Es ist wichtig, mit wem man Beziehungen pflegt.
- Es ist wichtig, wen man kennt.
- Besser zu gut angezogen als zu schlecht.
- Beobachten Sie andere, die sich besser auskennen, um sich angemessen zu verhalten.
- Erweisen Sie den Menschen, mit denen Sie zu tun haben, Respekt. Saloppheit wird als beleidigend empfunden.
- Fragen Sie Einheimische, die schon im Ausland waren, welche Verhaltensregeln wichtig sind.
- Zeigen Sie gute Manieren.
- Respektieren Sie Sitten und Gebräuche.
- Informieren Sie sich vorher, wie man sich im Land begrüßt.

Gesellschaften mit wenigen Traditionen (wenig ist wirklich wichtig – alles ist erlaubt – mit Einschränkungen)
- Wissen ist wichtiger als Personen zu kennen.
- Lassen Sie sich von ungewohnt zwanglosem Verhalten nicht irritieren.
- Das Fehlen von Etikette ist kein Zeichen von persönlicher Nichtachtung.

- Man kennt im Ausland Ihre Verhaltensregeln nicht, also lassen Sie sie zu Hause.
- Reden Sie andere mit dem Namen ohne Titel an, es sei denn, Sie hören jemand anders den Titel nennen.

8. Terminplanung –
Ereignis oder Zeit

Die Strukturiertheit der Kaltklima-Kultur und die Flexibilität der Heißklima-Kultur bestimmen auch, wie wir unseren Alltag leben. In den kühleren Regionen ist man bestrebt, so effizient wie möglich eine Aufgabe zu erledigen, und so plant man gern auf einer Zeitschiene. In den wärmeren Gegenden aber erledigen die Menschen meist nur das, was gerade anliegt, ohne langfristig zu planen.

Ich selber bin zwar von meinen Anlagen her eine „Südländerin", habe aber große Teile meines Lebens in Kaltklima-Kulturen verbracht – in Holland und Israel. Von meinem Charakter her bin ich eher spontan und flexibel und liebe den überraschenden Ausgang. Doch zwölf Jahre in den Niederlanden haben mich gelehrt, einen Terminkalender zu führen. Ich gewöhnte mich daran, pünktlich auf dem Bahnsteig zu sein, weil der Zug nicht auf mich warten würde. Und so plane ich auch ganze Tage, Wochen und Jahre.

Eines Tages bekam ich eine Einladung nach Chile, um für eine gemeinnützige Organisation als Beraterin zu arbeiten. Da ich mir ohnehin schon überlegt hatte, einmal auf der südlichen Halbkugel zu arbeiten, eine neue Kultur kennen zu lernen und mir eine neue Sprache anzueignen, stimmte ich zu.

Zunächst aber musste ich all die Verpflichtungen erfüllen, die weit im Voraus meinen Terminkalender belagerten. Die meisten Zusagen konnte ich nicht rückgängig machen.

So verging fast ein Jahr, bis ich aufbrechen konnte. Als ich ankam, wurde ich zwar herzlich empfangen, als ich aber kundtat, ein ganzes Jahr in Chile eingeplant zu haben, reagierten meine Gastgeber überrascht: „Ist ja großartig! Aber wieso hast du für ein ganzes Jahr geplant? Weißt du schon, was du die ganze Zeit machen willst?"

Ich war völlig perplex. Immerhin hatte ich in Amsterdam alle Brücken abgebrochen, die Wohnung gekündigt und für ein Jahr keinen einzigen Termin gemacht. Und jetzt deuteten sie an, gar nicht so viel Arbeit für mich zu haben.

Als ich mit dem Leiter der Organisation sprach, sagte er: „Weißt du, Sarah, ich erinnere mich durchaus an unsere Einladung, aber das ist schon eine Ewigkeit her. Wir haben einige Projekte umgeworfen und inzwischen anderes geplant. Der Mitarbeiter, der mit dir zwischenzeitlich korrespondiert hat, war selber viel unterwegs und hat nicht alle spontanen Entscheidungen mitbekommen."

So musste ich also eine Entscheidung treffen: Ich konnte auf dem Absatz kehrtmachen oder bleiben, ohne zu wissen, was ich hier anfangen sollte.

Das war meine erste Lektion in Sachen Kulturunterschiede. Wir in Europa planen ein Jahr voraus, und nur gravierende Ereignisse halten uns davon ab, unsere Termine zu erfüllen. In jedem Fall würden wir alle Beteiligten ausführlichst in Kenntnis setzen. In den Heißklima-Kulturen aber sieht man das Leben lockerer, man entscheidet aus dem Bauch heraus und wehrt sich dagegen, langfristig zu planen. Wer weiß, was morgen ist!

In meinem Eifer, möglichst viel von dem, was ich mir fest vorgenommen hatte, zu erreichen, machte ich mich in der Kantine nützlich, weil ich mir dachte, dort am besten Umgangsspanisch zu lernen. Während ich Kartoffeln schälte, konnte ich nämlich nach vielen Dingen des täglichen Lebens fragen. Ich hörte aufmerksam zu, wiederholte eifrig alles, was ich aufschnappte, und war am Ende des Tages imstande, ein paar einfache Sätze zu sprechen. Wie stolz war ich auf mich – bis ich erfuhr, dass ich Portugiesisch gelernt hatte, denn die Küchenhilfen kamen aus Brasilien.

Schließlich traf ich eine Entscheidung: Selbst wenn ich ein ganzes Jahr nur herumsitzen und Kaffee trinken musste – ich würde bleiben! Und in den folgenden neun Monaten saß ich oft herum und trank Kaffee.

Aber in diesen neun Monaten verbrachte ich auch viele Stunden mit meinem Freund Ricardo Rodriguez, in denen er mir beibrachte, wie Südamerikaner denken und Führungskräfte entscheiden. Als Jurist verstand er es, analytisch zu denken, und seine Beobachtungen über den westlichen Einfluss auf die südamerikanische Gesellschaft waren brillant. Ein Nebeneffekt war, dass ich mir auf diese Weise ein recht ordentliches Spanisch aneignete, das ausreichte, um Gespräche zu führen.

Hätte ich ausgeführt, was ich geplant hatte, wäre ich viel strukturierter vorgegangen, hätte 10.000 Dollar für Universitätskurse hingeblättert und Prüfungen abgelegt. Aber es wäre ohne Tiefgang geblieben. Ich hätte Sprache und Kultur nie so durchschauen gelernt wie bei den vielen Tassen Kaffee.

Indem ich „den Leuten aufs Maul schaute" und an ihrem Leben teilnahm, wurde ich integriert. Ich lernte sie kennen, wie sie wirklich dachten, und erfuhr, wie ihnen ums Herz war. Und beinahe wäre mir das alles entgangen, wenn ich schmollend abgereist wäre, weil sich meine Pläne nicht zu erfüllen schienen. Wären mir meine Pläne wichtiger gewesen als das Leben, hätte es mich leicht die wertvollste Erfahrung meines Lebens kosten können – die Erkenntnis nämlich, wie leicht man das Leben nehmen kann.

Aber selbst in den Heißklima-Kulturen weiß man, dass manche Lebensbereiche strukturiert werden *müssen*. Das Militär ist ein Beispiel. Es ist geradezu gefährlich, zu warten, bis der Feind über den Berg kommt, und dann erst die Verteidigung zu organisieren.

Strukturiertes Planen vermeidet so manche Krise, ist effizienter und hilft auch, auf lange Sicht Geld zu sparen. Mit zu viel Spontaneität und Unbekümmertheit bleibt vieles unerledigt. Aber wenn sich die beiden Pole im Spannungsfeld der Kulturen ein wenig ausgleichen, kann jeder vom anderen etwas lernen, und der goldene Mittelweg ist meist der beste.

Zeit

Der Einstellung zur Zeit ist ein weiterer großer Unterschied zwischen den Kulturen. Deutsche Pünktlichkeit steht dem mexikanischen *mañana* gegenüber (morgen ist auch noch ein Tag). Die Menschen aus der Heißklima-Zone haben den Ruf, immer zu spät zu kommen, während die aus dem Norden von ihren südländischen Freunden als neurotische Zeitpedanten belächelt werden.

In zeitorientierten Kulturen werden Veranstaltungen und Ereignisse bis auf die Minute vorgeplant. Man lebt nach der Uhr. Damit geht alles etwas reibungsloser vonstatten, und man bedient sich der Zeit, um Ordnung zu gewährleisten. Jedes Ereignis bekommt eine präzise Anfangszeit zugeordnet und wenn möglich auch noch eine Endzeit. Das gilt für große Veranstaltungen wie Hochzeiten, Konferenzen, Gottesdienste und Konzerte, aber auch für persönliche Verabredungen, wenn man sich mit Freunden im Café trifft oder einen Einkaufsbummel machen will. Man schafft sich Ordnung im täglichen Leben, indem solche terminlich gebundenen Verabredungen wenn irgend möglich pünktlich eingehalten werden.

Das aber kann Menschen erheblich unter Druck setzen, und die Uhr wird zum Taktgeber des Lebens. Richtig stressig wird es, wenn sich abzeichnet, dass ein pünktliches Erscheinen nicht mehr zu schaffen ist. Es gehört einfach zum guten Ton, sich zu entschuldigen, wenn man den anderen tatsächlich versetzt. Das ist Ausdruck des Respekts vor der anderen Person, weil man deren Zeit vergeudet hat. Die Zeit ist der Rahmen, innerhalb dessen das geplante Tagespensum zu erledigen ist. Erinnern Sie sich: Kaltklima-Kulturen sind leistungsorientiert, und die Zeit ist die Basis, auf der die Leistung erbracht wird.

Eine Hochzeit soll stattfinden – auf Jamaika, in Simbabwe, Kolumbien oder auf den Philippinen. Um 14 Uhr soll es losgehen. Um Viertel vor zwei erscheinen vier Norweger und zwei Kanadier und wollen ihre Plätze einnehmen. Aber die Kirche ist abgeschlossen und niemand ist zu sehen. Ein paar Kinder spielen in der Nähe.

„Entschuldigt mal, Kinder, wisst ihr, ob das die Kirche ist, wo die Hochzeit stattfinden soll?"

„Klar. Hier wird heute noch geheiratet!"

Die Gäste sind irritiert und warten auf den Stufen.

Ein paar Minuten später tauchen Frauen mit Blumen auf. Sie schließen die Kirche auf und beginnen, sie innen zu schmücken. Fünf Minuten später erscheint der Chorleiter und holt die Roben aus dem Schrank.

Es ist halb drei. Vereinzelt treffen Gäste ein, stehen herum und unterhalten sich vor der Kirche.

Die Gäste aus dem Norden haben sich gute Plätze ausgesucht und schauen regelmäßig auf die Uhr. Sie sind ungehalten, dass die Feier so verspätet anfängt und sich niemand anders darüber zu ärgern scheint. Was sie nicht ahnen, ist, dass um 14 Uhr die Braut erst angefangen hat, sich zurechtzumachen. Der Prediger hat noch mit den Brauteltern gespeist, und einige Gäste haben ihren Fünf-Kilometer-Marsch angetreten.

Nach und nach füllt sich die Kirche. Der Chor übt noch ein wenig, doch zur Probe sind längst nicht alle Sänger da. Sie trudeln nach und nach ein.

Endlich stimmt der Chor sein erstes Lied an, und es scheint loszugehen.

Um Viertel vor vier trifft das Brautpaar ein und die Zeremonie beginnt. Um sechs Uhr ist das Fest in vollem Gange.

Um 14 Uhr sollte es beginnen. In der Tat, zu diesem Zeitpunkt begannen die Menschen, sich auf die Hochzeit einzustellen und die Arbeit ruhen zu lassen. Die Kirche wurde geschmückt, die Kinder gewaschen und fein gemacht, und man machte sich langsam auf den Weg zur Kirche. Man versteht das Wort „Beginn" eben anders.

Die Gäste aus dem Norden waren irritiert. Sie hatten erwartet, dass um Punkt zwei Uhr die Braut in die Kirche geführt werden würde, und die Gäste hätten sich entsprechend früher eingefunden. Aber auch für die Menschen vor Ort begann die Hochzeit um zwei – mit all den Vorbereitungen, die dazugehörten. Die eigentliche Zeremonie war für sie nur ein Bestandteil der Festlichkeiten.

Ich nahm einmal an einer internationalen Konferenz teil, bei der wir auch im Kongresszentrum untergebracht waren. Zu meiner Überraschung waren es die Afrikaner, die als Erste im Vortragssaal erschienen. Eine Schweizerin bemerkte es und sagte, dass die Afrikaner es hörten: „Ich dachte, in Afrika kommt man immer zu spät." Da entgegnete einer der Teilnehmer: „Nicht unbedingt. Wir sind nicht zeitorientiert, sondern ereignisorientiert. Da es uns diesmal wichtig ist, den Anfang nicht zu verpassen, erscheinen wir zum Anfang."

Nachdem ich fast ein Jahr in Chile verbracht hatte, nahm ich mir bei meiner nächsten Verabredung vor, erst eine Dreiviertelstunde später als ursprünglich verabredet zu erscheinen. Ich hielt mich daran, und wir trafen ungefähr zur selben Zeit beim Café ein. Ich hatte mich dazu entschlossen, nachdem ich viele Nachmittage frustriert irgendwo wartend auf Straßen verbracht hatte – meist eine Stunde und länger.

Jetzt fragen Sie sich vielleicht, wie ich die Zeit an jenem Tag so gut eingeschätzt hatte. Nur ein bisschen Gedankenlesen war vonnöten. Eigentlich waren wir um zwei Uhr verabredet. Von ihrem Zuhause brauchte sie etwa 35 Minuten mit Bus und U-Bahn. Jetzt fehlten noch zehn Minuten von meiner geschätzten Dreiviertelstunde. Das war die Zeit, die sie brauchte, um sich ab zwei Uhr zu Hause fertig zu machen, denn erst um zwei würde ihr einfallen, dass sie mit mir verabredet war.

In verschiedenen Ländern wird Zeit unterschiedlich gemessen. Bevor man sich also auf Verabredungen einlässt, ist es ratsam, sich zu orientieren, wie Zeit vor Ort gehandhabt wird. In der Kaltklima-Zone setzen die Menschen ihr Zeitguthaben gern optimal ein. Damit, so meinen sie, bekommen sie mehr erledigt – sowohl Arbeit als auch Freizeitaktivitäten.

Die sprichwörtliche Ordnungsliebe der Deutschen drückt sich auch in ihrem exakten Zeitmanagement aus. Die Züge und Busse kommen halbwegs pünktlich, im Geschäftsleben läuft das meiste wie am Schnürchen, und selbst der bestellte Kaffee im Restaurant kommt so schnell wie in kaum einem anderen Land. Menschen zu respektieren heißt, ihre Zeit zu respektieren. Und wer einen anderen warten lässt, drückt damit aus: „*Du* bist mir nicht wichtig, also ist mir auch deine Zeit nicht wichtig. Ich glaube kaum, dass du etwas Wichtigeres zu tun hast, als auf mich zu warten."

Ein paar Nischen gibt es in jeder Gesellschaft – ganz gleich, zu welcher Kultur sie gehört –, in denen Zeit stets eine grundlegende Funktion erfüllt. Das Militär gehört dazu und die obere Managementebene. Hier ist so viel strukturiertes Vorgehen nötig, dass man sich Ungenauigkeiten nicht erlauben kann. Das eigene Leben mag nämlich davon abhängen.

Wer strukturiert und vorausplanend ist, lebt zeitorientiert, und wer spontan und planlos ist, lebt ereignisorientiert. Das Beispiel auf Seite 56 macht diesen Unterschied deutlich. Ich gedachte, spontan jemand einzuladen, aber da alle Freunde ihre Zeit vorausplanend eingeteilt hatten, wollte keiner kommen. Zu einer Einladung gehört also in nördlichen Gefilden eine Zeit der Vorplanung.

Wenn ich in Europa lebe, habe ich stets einen Terminkalender dabei, der für jeden Tag eine ganze Seite hat, mit Spalten von 7-19 Uhr. Werden irgendwelche Verabredungen vorgeschlagen, konsultiere ich erst meinen Kalender. So erfahre ich, ob ich Zeit habe oder nicht. Normalerweise sind meine Seiten voller Einträge, und ich haste von Termin zu Termin.

Als ich in Südafrika lebte, hatte ich eine Seite für einen ganzen Monat, und die war meist leer. Trotzdem langweilte ich mich nie. Die Tage waren ausgefüllt mit spontanen Verabredungen, oder es lagen Routineerledigungen an, die keiner Erinnerung bedurften.

Auch in Chile wurde ich oft spontan gefragt, ob ich eine Vorlesung halten oder gar nach Bolivien reisen würde, nach Argentinien oder Kolumbien. Von überall her bekam ich Anfragen, wenn plötzlich mein Wissen gefragt war, und so konnte ich so manchen guten Rat weitergeben. Am Anfang eines Monats jedoch konnte ich kaum einmal voraussagen, wohin es mich in den kommenden Wochen treiben würde. Dinge ereigneten sich eben, und ich reagierte darauf. Das ist Leben.

Terminplanung – Ereignis oder Zeit

Merkhilfen zum Thema

Heißklima-Kulturen

- Das Leben orientiert sich nicht an der Uhr.
- Die Menschen sind ereignisorientiert.
- Sie sind spontan und flexibel.
- Sie reagieren spontan auf die jeweilige Situation.
- Es ist immer wichtiger, den Augenblick zu genießen, als Zeit zu schinden.
- Es wird anerkannt, dass in einigen Bereichen nach der Zeit strukturiert gearbeitet werden muss (beim Militär zum Beispiel).
- Man kommt zu einer Veranstaltung, wann es einem passt.

Kaltklima-Kulturen

- Das Leben orientiert sich an der Uhr.
- Der Tagesablauf wird strukturiert.
- Man freut sich darüber, seine Zeit optimal genutzt zu haben.
- Zeit wird als Wert an sich empfunden.
- Man erscheint schon vor dem angekündigten Beginn einer Veranstaltung. Hinterher ist genug Zeit, alles andere zu erledigen.

9. Praktische Schritte für den Anfang

Als Ergänzung zu dem bereits Gesagten möchte ich noch ein paar Tipps aus der Praxis geben:

1. Suchen Sie sich einen „Kultur-Übersetzer", der Ihnen detailliert die Unterschiede erklären kann. Jemand, der aus der fremden Kultur kommt und schon öfter hin und her gewechselt ist, wird eher helfen können als ein Landsmann, der manches nur vom Hörensagen kennt. Wer dagegen mal hier mal dort war, hat durch eigene Erfahrungen und Fehler gelernt. Er oder sie weiß, worauf es wirklich ankommt. Mit dem Theoretiker kann man dann manches hinterher noch vertiefen.

2. Bevor Sie sich auf den Weg machen, sollten Sie sich so viel wie möglich über die Kultur, die Geschichte und die Menschen des Gastlandes anlesen. Machen Sie sich vertraut mit ethnischen Unterschieden innerhalb des Landes. Wie kommen diese Gruppen miteinander aus? Es kann zum Beispiel nicht schaden, darüber Bescheid zu wissen, dass längst nicht alle Araber Muslime sind und dass libanesische Christen zu Hause oft Französisch sprechen. Für ältere Niederländer sind Amerikaner noch immer Helden, weil sie geholfen haben, Holland am Ende des Zweiten Weltkriegs zu befreien. Die jüngeren Leute verachten die Amerikaner eher. Man hält sie für dekadent,

und die jüngeren Holländer verstehen nicht, warum man sich in den USA so dagegen sperrt, die Ressourcen der Natur zu schonen. Beschäftigt man sich aber mit der Geschichte eines Landes, kann man manche Erklärung für unverständliches Verhalten finden.

3. Holen Sie sich Anregungen in Buchhandlungen, Bibliotheken oder im Internet. Lassen Sie sich raten, welche Informationsquellen ergiebig sind.

4. Bevor Sie Ihr Heimatland verlassen, versuchen Sie schon einmal, Kontakt mit Menschen Ihres Gastlandes aufzunehmen, um sich erzählen zu lassen, wie das Leben dort ist. Es ist wichtig, mit einer positiven Grundeinstellung dem fremden Land gegenüber loszufahren, um sich schnell einzugewöhnen. Und ein Einheimischer wird Ihnen eher die positiven Aspekte seines Landes vermitteln. Mit den Erkenntnissen, die Sie aus diesem Buch gewonnen haben, können Sie dann gezielt Fragen zu kulturellen Eigenheiten stellen. So erfahren Sie, ob Ihre Vorstellungen den Gegebenheiten vor Ort entsprechen. Fragen Sie, womit der andere seine Schwierigkeiten hatte, als er oder sie in Ihr Land kam. So bekommen Sie eine Vorstellung davon, was Sie umgekehrt im fremden Land erwartet.

5. Erkundigen Sie sich nach den Wertvorstellungen in der anderen Gesellschaft. Die Religion zum Beispiel kann in Ländern eine ganz unterschiedliche Rolle im täglichen Leben spielen. In dem

Film „Beyond Paradise" nahm eine hawaiische Jugendgang einen weißen Jungen in ihren innersten Zirkel auf. Sie behandelten ihn als einen der ihren – bis er eines Tages unbedingt auf den Ruinen eines ihrer heiligen Orte herumklettern wollte. Als er sich trotz des Protestes seiner Freunde nicht davon abbringen lassen wollte, schlugen sie ihn nicht nur zusammen, sondern kündigten ihm auch für immer die Freundschaft. Ihm war nicht bewusst, wie wichtig ihnen ihre Religion war.

6. Bereiten Sie sich in jedem Fall auf einen Kulturschock vor. Es wird in jedem Fall stressig. Unsere vertrauten Lebensabläufe machen uns den Alltag leichter. Wir kaufen möglichst immer im selben Laden, weil wir da wissen, wo alles steht. Und wir machen uns oft gar nicht mehr bewusst, wie sehr die Routine unser Leben bestimmt. Wenn wir dann an einen Ort kommen, wo alles ganz anders ist und uns unsere Routinen gar nichts mehr nutzen, fangen wir erst mühsam an, uns an alles zu gewöhnen. Wir neigen vor allem dazu, das Neue mit dem Vertrauten zu vergleichen. „Das schmeckt ja wenigstens ein bisschen nach Huhn." – „In dem Laden gibt es Pudding wie zu Hause." Der Mexikaner in Indien wird nach etwas suchen, was ihn an seine Tortilla erinnert, und der Deutsche wird in Frankreich das Schwarzbrot vermissen.

Wer ständig mit Dingen konfrontiert wird, die

ihm nicht vertraut sind, muss unablässig Entscheidungen treffen. Ob der Fahrkartenautomat zu bedienen ist oder die Auskunft angerufen werden muss, bei allem muss man wissen, wie es geht. Das kostet Energie und erschöpft irgendwann. Und zuweilen möchte man die Flinte ins Korn werfen. Das ist der Kulturstress, der länger anhält als der Kulturschock am Anfang.

7. Bei der Heimkehr: Hat man sich erst einmal an die Lebensumstände woanders gewöhnt, braucht man erneut Kraft, um sich zu Hause wieder einzugewöhnen. Das ist dann der „umgekehrte Kulturschock", und mit dem rechnet kaum einer. Behalten Sie vor allem Ihre Kinder im Auge. Die trifft es oft am härtesten.

8. Suchen Sie Kontakt zu anderen Heimkehrern (am besten natürlich aus dem Land, das auch Sie gerade verlassen haben). Nutzen Sie den Gedanken- und Erfahrungsaustausch. Ihre Landsleute zu Hause werden sich kaum für alles interessieren, was Ihnen widerfahren ist. Man wird vieles nicht nachvollziehen können und auch nicht verstehen, dass Sie dies oder das einmal loswerden müssen. Während Sie weg waren, ist das Leben zu Hause nämlich seinen gewohnten Gang gegangen. Um mich mit meinen Großeltern in den Staaten nach langen Reisen wieder ganz zu verstehen, musste ich mir wieder Zugang zu ihrem Leben verschaffen, indem ich mir anhörte, was sich alles an normalen Dingen in der Zwischen-

zeit ereignet hatte. Ich wusste, wovon sie sprachen. Sie aber hatten keine Möglichkeit, auch
nur annähernd einen Zugang zu der fremden Welt
da draußen zu finden. Damit musste ich mich
jedes Mal abfinden.

9. Lernen Sie die Sprache des Gastlandes. Der kleinste Versuch ist besser als zu schweigen. Wenn Sie
Ihr Bemühen zeigen, sagt das den Menschen, dass
Sie sie ernst nehmen. Ich fragte einmal Südsee-
insulaner, die in Kanada arbeiteten, was sie anders
gemacht hätten, wenn sie manches im Voraus gewusst hätten. Sie antworteten unisono: „Wir hätten unbedingt Englisch lernen sollen. Es wäre alles
viel leichter gewesen, wenn wir von Anfang an
hätten Beziehungen zu den Menschen aufnehmen können. Es hat schon so unheimlich viel
Mühe gekostet, uns an alles zu gewöhnen. Am
Abend waren wir oft derart erschöpft, dass keine
Kraft mehr blieb, auch noch die Sprache zu lernen."

10. Halten Sie Augen und Ohren offen. Beurteilen
Sie nichts, wenn Sie die Hintergründe nicht kennen – warum sich Menschen so und nicht anders
benehmen. Vermuten Sie immer erst das Beste. Gehen Sie davon aus, dass die anderen wissen, was sie tun, und dass das fremdartige Verhalten einem Erfahrungsschatz entspringt oder
religiösen Überlieferungen.

Auf einer Wüstentour im Sinai fragte ein junger Mann unseren Reiseführer, warum die Be-

duinen so warm angezogen seien. Bei der Hitze in der Wüste sei das doch schwachsinnig. Der Reiseführer antwortete: „Die Kleider sorgen dafür, dass Luft im Innern zirkulieren kann, und das kühlt. Die langen Ärmel bedecken die Arme und verhindern Wasserverlust durch die Haut. Auch die Kopfbedeckungen sind so locker gebunden, dass Luft über Kopf und Nacken zirkulieren kann, was ebenfalls kühlt. Die Kleider sind weiß, damit sie die Sonne reflektieren. Und weil sie klug sind, legen sie sich zur heißesten Zeit des Tages schlafen. Sie überleben hier übrigens schon ein paar Tausend Jahre. Glauben Sie nicht, dass sie da die besten Überlebensstrategien in der Wüste herausgefunden haben?" Man möchte immer so vieles ändern bei seinen Gastgebern, wenn man all ihre „Fehler" bemerkt. Aber erinnern Sie sich stets daran, weswegen Sie gekommen sind. Daran sollten Sie sich halten. Das ist Ihr Ziel, bis Sie sich irgendwann ein bisschen mehr auskennen. Erst dann können Sie eventuell mitreden.

Bei einem Arbeitseinsatz war ich für die Essenszubereitung verantwortlich. Wir mussten für etwa zwanzig Personen kochen. Eine Frau, die kein Englisch sprach, half mir in der Küche. Bereits am zweiten Tag hatte ich mehrere Kartoffelschälmesser besorgt, weil ich die Handhabung mit den normalen Küchenmessern zu umständlich fand, außerdem blieb immer viel

zu viel an der Schale. Ich dachte also, eine Ver-
besserung einzuführen. Nachdem meine
Übersetzerin vergeblich versucht hatte, der Frau
die Funktionsweise des Schälers zu erklären, sagte sie: „Ach, Sarah, kannst du sie nicht einfach
die Kartoffeln schälen lassen, wie sie's hier seit
Generationen gewohnt sind?" Darauf wanderten die Schäler in die Schublade.

10. Zu guter Letzt

Sobald wir uns ein bisschen besser gegenseitig verstehen lernen, wird mancher Konflikt zwischen den Kulturen im Keim erstickt. Und so hoffe ich, dass das, was ich hier grob skizziert habe, ausreicht, um Ihnen in einer fremden Kultur als Hilfe zu dienen. Ihnen bleibt es dann immer noch, die Feinabstimmung an Ort und Stelle vorzunehmen.

Nicht alles, was ich beschrieben habe, kommt durchweg in jeder Heißklima- beziehungsweise Kaltklima-Kultur vor. Die Menschen sind individuell veranlagt, und so manch einer verhält sich im täglichen Leben, als käme er geradewegs aus einer entgegengesetzten Kulturzone. Jeder Einzelne ist also gefragt, seinen Standpunkt und seine Wesensart zu ermitteln und sich folgende Frage zu stellen: „Wie bin ich selber kulturell gestrickt, und wie werde ich mit der Kultur, in die ich mich aufmache, zurechtkommen?"

Wir alle neigen von Hause aus dazu, unsere eigene Kultur für die überlegere zu halten. Erst wenn wir das überwinden, werden wir in die Lage versetzt, die Unterschiede wirklich kennen zu lernen, zu respektieren und sogar Freude daran zu haben. Dann erst sind wir in der Fremde zu Hause. Haben wir nicht alle viel mehr Gemeinsamkeiten, als wir dachten?

Überall zu Hause?!

Rebecca ist 16. Sie lebt seit zwei Jahren mit ihrer Familie in einer Großstadt in Deutschland, die Großeltern nur zwei S-Bahn-Stationen entfernt. Rebecca hat Freundinnen und Anschluss an eine Jugendgruppe gefunden. Fühlt sie sich zu Hause? Ja und Nein.

Manchmal sitzt sie am Schreibtisch über ihre Schulhefte gebeugt, aber ihre Gedanken schweifen ab. Zurück nach Afrika. Zu ihren Freunden dort. Sie hört ihr Lachen, schmeckt die Früchte, spricht in Gedanken den ihr vertrauten Stammesdialekt. Sie lächelt leise – und fühlt sich zu Hause.

„Rebecca, Telefon!" – Rebecca wird aus der heimatlichen Welt zurückgerufen in die neue Wirklichkeit. Ihre Freundin Sulmai ist am Telefon. Sulmai kommt mit ihrer Familie aus Afghanistan. Seit ein paar Jahren leben sie in Deutschland. Für die Eltern von Sulmai ist vieles noch so fremd. Deutsche Freunde hat die Familie bisher nicht gefunden. Doch Rebecca geht in Sulmais Familie ein und aus. Sie versteht – und wird verstanden. Obwohl ihr die afghanische Kultur an sich fremd ist – fühlt sie sich bei Sulmai zu Hause.

Rebecca ist ein TCK (Third Culture Kid). Sie wuchs in Afrika auf, ihre Eltern waren aus Deutschland dorthin gekommen, um als Missionare in der einheimischen Kirche mitzuarbeiten. Rebecca ist somit in zwei Welten zugleich beheimatet gewesen, und doch beiden Kulturen etwas fremd geblieben. Heute fühlt sie sich irgendwie überall zu Hause.

Eine Story wie viele. TCKs oder Mks (Missionarskinder) haben besondere Erfahrungen, Kenntnisse und Fähigkeiten. Manchmal auch ihre eigenen Schwierigkeiten und Schmerzerfahrungen. **MK-Care** bietet ein Forum zum Austausch, zum Kennen lernen, um einander zu begegnen.

Interessiert?!

Aktuelle Infos unter **www.mk-care.org**